Le Livre de Poche Jeunesse

CW00796802

Né en Gironde en 1918, Robert Escarpit est professeur à la faculté des lettres et sciences humaines de Bordeaux et chroniqueur du journal *Le Monde*. Il a dirigé, après la guerre, l'Institut français d'Amérique latine à Mexico, d'où il a rapporté un volume de contes et légendes du Mexique. Il est l'auteur d'essais et de romans pour adultes où il met beaucoup de science et d'esprit.

Les contes
de la Saint-Glinglin

Robert Escarpit

Les contes
de la Saint-Glinglin

Couverture et illustrations
de Sylvie François

Magnard

Du même auteur,
dans Le Livre de Poche Jeunesse

Les reportages de Rouletabosse
Les vacances de Rouletabosse

A mes sept petits-enfants :

CORINNE, *dite la jumelle-qui-sait-ce-qu'elle-veut,*
FRANCK, *dit le Terrible-que-rien-n'arrête,*
ISABELLE, *dite Babulle,*
NATHALIE, *dite Tacha,*
PIERRE, *dit le Zorro du lundi, le Karateka du mardi, etc.,*
SOPHIE, *dite Calamity-Soph,*
VALÉRIE, *dite la jumelle-qui-prend-la-vie-par-le-bon-bout.*

1

Saint Glinglin
et la belle Lurette

De son vrai nom, saint Glinglin s'appelait Galahan O'Galahan. C'était un Irlandais. Il était moine au monastère du bon abbé saint Brandan qui découvrit l'Amérique bien des siècles avant Christophe Colomb. Ayant appris la maçonnerie dans son enfance, il était devenu le tailleur de pierre du couvent. C'est lui qui creusa de ses mains, dans le granit le plus fin et le plus dur, l'auge miraculeuse à bord de laquelle saint Brandan s'embarqua pour aller découvrir l'Amérique. On le considérait comme le plus habile sculpteur de toute l'Irlande. Il faisait des statues, des chapiteaux, des tables, des cheminées. Tout le monde l'admirait beaucoup.

Seulement, il avait un grave défaut : il était épouvantablement étourdi. Il oubliait tout, sauf l'heure des repas, et encore parce qu'il avait faim. Il oubliait jusqu'à son nom.

Même dans son métier, il avait des distractions lamentables. Un jour qu'on lui avait commandé une série de statues pour la nouvelle chapelle du couvent, il fit une grande barbe blanche à la Sainte Vierge et, à saint Pierre, il mit un chignon. Or, comme chacun sait, saint Pierre est complètement chauve. Ce fut un beau scandale dans le chapitre, où les chauves ne manquaient pas. Galahan O'Galahan dut expier son double sacrilège par une pénitence de huit jours au pain et à l'eau.

Le bon saint Brandan, qui l'aimait bien, était fort attristé par ces incartades :

— Mon petit, disait-il, prends garde à ton étourderie. Elle te jouera un mauvais tour.

— Je sais, mon Père, soupirait Galahan. Je me dis toujours que je vais faire attention, que je vais me rappeler les choses, mais cinq minutes après, j'ai tout oublié, j'ai même oublié que je suis étourdi et que je n'ai pas de mémoire !

— Hélas ! mon petit, je crains fort que cette malheureuse infirmité ne t'empêche d'être jamais un saint !

Il faut vous dire qu'en Irlande, à cette époque, tous les gens qui se respectaient finissaient par devenir ou des rois ou des saints. Les autres étaient très mal considérés. C'est bien cela qui faisait souffrir Galahan. Il approchait de l'âge où un moine, conscient de ses devoirs, songeait à sa canonisation. Mais allez donc canoniser une tête de linotte pareille! Le malheureux dépérissait à vue d'œil. Il ne se passait pas de semaine sans qu'il apprît qu'un de ses frères plus jeunes — parfois un de ceux qu'il avait connus moinillons — réussissait à faire son trou dans le calendrier. Chaque fois, il passait la nuit en macérations et en prières, prenait de bonnes résolutions, jurait qu'il serait moins étourdi. Mais, le lendemain matin, il avait tout oublié.

Un jour, saint Brandan lui dit :

— Mon enfant, tu as mauvaise mine. Il faut changer d'air. D'ailleurs, les voyages forment la jeunesse et un gamin de soixante ans, comme toi, devrait en tirer profit. Va au port préparer mon auge miraculeuse. Je t'emmène avec moi en Aquitaine.

Saint Brandan avait en effet l'habitude d'aller chaque automne dans le Midi de la France pour y faire sa cure de raisin frais au moment de la vendange. Galahan O'Galahan ne se fit pas répéter deux fois l'ordre de son prieur. Il courut au port et passa l'auge à la pierre ponce afin qu'elle fendît mieux les flots. Sous le banc de granit, il logea le bissac qui contenait son maigre bagage et celui de saint Brandan. Il y ajouta les outils de son art, une gouge et un maillet, pour le cas où il rencontrerait quelque bonne pierre valant la peine d'être taillée.

Un beau jour donc, l'abbé et le moine débarquèrent de l'auge sur les rives de la Garonne. C'était la mi-septembre et les paysans étaient dans les vignes en train de vendanger. A peine débarqué, saint Brandan s'en fut voir son vieil ami, le prieur du couvent de Saint-Macaire. Il laissa son auge à la garde de Galahan et, avant de partir, il lui recommanda bien de songer à venir le prendre au couvent un peu avant l'heure de complies.

Il faisait un beau soleil, bien doré. Galahan fit quelques pas le long de la berge parmi les aubiers, puis, soupirant d'aise, il s'étendit dans l'herbe. Trois minutes plus tard, il se relevait avec un cri de désespoir. Il avait tout oublié. Mais tout : les recommandations de l'abbé, l'heure où il devait aller le chercher, l'endroit où il avait amarré l'auge... Il avait même oublié le nom du pays où il se trouvait. La tête dans les mains, il se mit à pleurer.

Au bout d'un moment, un léger bruit lui fit lever la tête. Il vit devant lui une petite fille qui le regardait curieusement avec ses grands yeux noirs. Elle pouvait avoir neuf ans.

C'était une très gentille petite fille et elle habitait Saint-Macaire, où son papa était tonnelier. Elle s'appelait Lurette. Et comme elle était fort jolie, quand on parlait d'elle on disait « la belle Lurette ». C'est même sous ce nom qu'elle est devenue célèbre.

Entre autres qualités, Lurette avait bon cœur. Elle s'assit à côté du moine.

— Pourquoi pleurez-vous ? dit-elle.

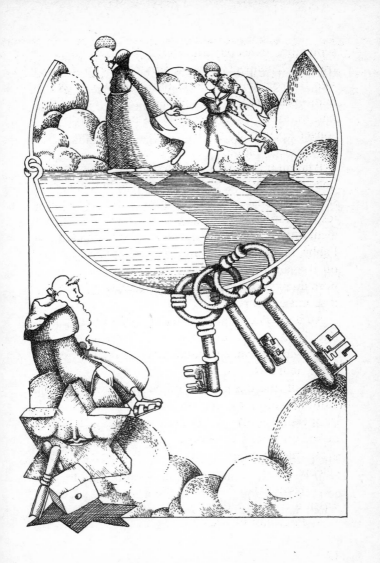

— Je... euh... j'ai oublié, répondit Galahan.

C'était vrai, il avait oublié pourquoi il pleurait. Mais, comme Lurette lui avait parlé en français, il s'était ressouvenu qu'il était en France. Cela le consola un peu. Il essuya ses larmes avec la robe de bure. Lurette sourit.

— Comment vous appelez-vous ? demanda-t-elle.

— Galahan O'Galahan...

Il faut dire qu'il parlait avec l'accent irlandais, qui tient un peu le milieu entre l'accent anglais et l'accent auvergnat. Lurette comprit qu'il disait Glinglin.

— Glinglin, dit-elle, c'est un joli nom. On dirait une cloche du dimanche. La saint Glinglin sera une fête carillonnée.

A ces mots, le malheureux eut une nouvelle crise de larmes. Pressé de questions affectueuses, il finit par expliquer à la petite fille la cause et l'origine de tous ses malheurs.

— C'est cette maudite distraction, Lurette. J'ai la cervelle comme une passoire.

— Il faut vous en corriger, Glinglin. C'est une question de volonté.

Elle répétait ce qu'elle avait entendu dire par sa maîtresse d'école. Lurette était une très bonne élève. Elle entreprit de faire l'éducation de son nouvel ami. Pour entraîner sa mémoire, elle lui apprenait la table de multiplication, la plus difficile, celle de sept.

Pendant tout le temps que les Irlandais restèrent en

Aquitaine, le moine et la petite fille se retrouvèrent matin et soir. Glinglin, puisque c'était son nouveau nom, avait commencé une belle statue de Lurette et, tandis qu'il tapait à grands coups de maillet sur la gouge, ne s'interrompant que pour grappiller un raisin, elle lui posait des colles :

— Sept fois six, Glinglin ?

— Trente-six... non, quarante-deux, Lurette. Tourne un peu la tête à gauche.

— Sept fois neuf ?

Ça, c'était plus dur. Il se grattait la tête d'un air penaud.

— Sept fois neuf ?... Malheur. J'ai encore oublié ! Tu vois, je ne suis bon à rien, Lurette.

— Mais si, Glinglin. Un petit effort, voyons. Sept fois neuf soixante-trois. Répétez...

— Sept fois neuf soixante-trois. Relève cette mèche de cheveux.

Et ainsi de suite. Quand vint le moment de quitter Lurette et de rentrer en Irlande, Glinglin avait fait des progrès considérables. En fermant les yeux et en serrant les dents, il arrivait à se rappeler les choses quelquefois deux heures de suite. Le bon abbé saint Brandan en fut ravi. Il donna sa bénédiction à Lurette et promit de ramener le moine avec lui l'année suivante.

Pendant toute cette année-là, Glinglin fut un modèle d'exactitude et d'attention. Il arrivait à l'heure aux offices. Il rangeait ses outils, le travail terminé, et se rappelait où il les avait mis le lendemain matin. En secret, il avait même appris la table de huit pour faire une surprise à Lurette.

Vint enfin la saison des vendanges. Au moins quinze jours à l'avance, l'auge était fin prête. Un bon vent poussa saint Brandan et Glinglin vers l'Aquitaine. Par un soir d'or et de pourpre, ils touchèrent la rive. Debout à l'avant de l'auge, Glinglin cherchait Lurette des yeux.

Hélas ! dans les vignes désertes, aucun vigneron ne chantait. A la chapelle du prieuré, une cloche sonnait le glas. Inquiets, les deux voyageurs mirent pied à terre et montèrent vers le village. A l'entrée du couvent, un moinillon tout en larmes leur conta la triste nouvelle : quelques jours plus tôt, Lurette avait été prise de fièvres et elle était morte le matin même en parlant de son grand ami Glinglin.

On l'enterra dans le jardin du monastère et Glinglin lui fit une belle tombe sur laquelle il plaça la statue qu'il avait exécutée l'année précédente. Les gens allaient souvent la voir les jours de promenade et ils y posaient des fleurs.

Elle est restée là pendant des siècles. Elle n'y est plus maintenant, mais elle y est restée si longtemps qu'on a pris l'habitude de la voir. Si bien qu'aujourd'hui encore, quand on veut dire qu'une chose est très ancienne, on dit : « Il y a belle lurette. »

Saint Brandan abrégea sa visite. Le retour en Irlande fut triste. Glinglin était inconsolable. Un temps, il essaya de se souvenir des leçons que lui donnait sa petite amie. Mais sa nature oublieuse reprit le dessus. Six mois plus tard, c'est à peine s'il savait encore sept fois deux quatorze. Bientôt, il ne lui resta plus que son chagrin. Il était plus étourdi, plus distrait que jamais, et saint Brandan abandonna toute espérance de le voir canoniser de son vivant.

Il finit par mourir à son tour. Et, là encore, il fut victime de son incurable distraction. On lui avait pourtant bien expliqué le chemin du Paradis. Mais, au moment de partir, rien à faire, il avait tout oublié. Vers le haut ? vers le bas ? à droite ? à gauche ? au nord ? au sud ? Perdu dans l'espace immense, il erra des jours, des années, peut-être des siècles. Il avait perdu tout espoir lorsqu'un beau matin, au détour d'un nuage, il tomba sur la porte du Paradis. Il sonna. Avec un grand bruit de clefs, saint Pierre vint lui ouvrir. Il le toisa sans aménité.

— Ha, ha ! s'écria-t-il d'une voix aigre-douce. Mais c'est Galahan O'Galahan, l'illustre sculpteur, qui nous fait enfin l'honneur d'une visite. Que viens-tu faire ici, songe-creux ? Je te croyais au Purgatoire.

Rien qu'au ton du grand saint Pierre, Glinglin comprit qu'il n'avait pas oublié l'affaire du chignon. Fort gêné, il se gratta la tête. Saint Pierre se méprit sur le sens de son geste.

— Quoi ? gronda-t-il. Quoi ? Tête de linotte, tu as le toupet de venir me demander une auréole ?

T'imagines-tu que nous manquions de saints au point de prendre des faibles d'esprit, des gâcheurs de pierre, des... des coiffeurs pour dames?

Il s'étranglait d'indignation. Le pauvre moine ne savait que dire et regardait tristement la pointe de ses sandales quand soudain une voix claire lui fit lever les yeux comme jadis sur les bords de la Garonne.

— Glinglin, enfin vous voilà! je commençais à m'ennuyer sans vous. Mais, maintenant que vous êtes là, vous allez voir comme c'est amusant, le Paradis. D'abord, on va vous donner une auréole puisque vous êtes un saint, n'est-ce pas bon saint Pierre?

Glinglin sourit tristement à sa petite amie. Il était de plus en plus gêné. Saint Pierre fronça le sourcil :

— Tu connais ce bon à rien, petite? Eh bien, je ne te fais pas mon compliment. Quant à l'auréole, il peut se brosser, tu m'entends?

Toute rouge, Lurette tapa du pied :

— Vous êtes un méchant, saint Pierre. Glinglin n'est pas un bon à rien. Seulement il est un peu étourdi. Mais il fait tout ce qu'il peut pour s'en corriger. Il sait sa table de sept sur le bout du doigt. Tenez, écoutez : sept fois neuf, Glinglin ?

— Cinquante-six, répondit Glinglin en baissant le nez.

— Tu vois, ricana saint Pierre, un bon à rien, c'est ce que je disais... Eh là, petite, tu ne vas pas pleurer, maintenant.

Lurette était en larmes. Saint Pierre à gauche, Glinglin à droite essayaient vainement de la consoler. Quand elle fut un peu calmée, le porte-clefs du Paradis bougonna :

— Bon, bon, ça va, je vais la lui donner son auréole...

Il fouilla dans un coffre et en tira une vieille auréole dont la dorure commençait à s'écailler :

— Tiens, prends ça, toi. Elle est un peu rouillée, mais tu n'auras qu'à y mettre de l'huile de coude. Tu peux écrire « saint » sur ta carte de visite, animal. Mais c'est bien pour la petite que je fais ça.

Le nouveau saint était radieux. L'auréole était un peu grande, mais il se garda bien de protester. Il lança un sourire de reconnaissance à Lurette. Déjà saint Pierre revenait avec un gros registre.

— Voyons un peu... il faut que je t'inscrive, maintenant. Nous disons, nom et qualité... Saint Galahan O'Galahan... sexe, masculin... Profession... hum, pas sculpteur tout de même... tailleur de pierre... Nationalité irlandaise... Bon. Maintenant, il te faut une fête. Ça va être commode, avec le calendrier chargé comme il est ! Enfin, voyons la date de ta mort ?

Saint Glinglin pâlit sous sa nouvelle auréole. Depuis le temps qu'il errait dans l'espace, il avait perdu le compte des jours et il était bien incapable de dire quand il était mort.

— Je... Je ne sais pas, bon saint Pierre.

— Tu ne sais pas? Et qui va le savoir alors? C'est tout de même un peu fort! et ta date de naissance?

— Je... j'ai oublié, bon saint Pierre.

— Tu commences à m'énerver à la fin! Bon sang, quel empoté! Alors il n'y a plus qu'une solution. Donne-moi la date de ton baptême. Vite!

Saint Glinglin resta silencieux. Il avait aussi oublié la date de son baptême. Cette fois, saint Pierre se fâcha tout rouge:

— Comment, mauvais chrétien? Passe que tu oublies ta naissance et ta mort, qui ne sont d'ailleurs pas des événements bien remarquables; mais ton baptême! C'en est trop! Tu as de la chance d'avoir déjà ton auréole. Les règlements ne me permettent pas de te la reprendre, sans cela ce serait déjà fait! En tout cas, pour la fête, tu attendras d'avoir retrouvé la mémoire! Je t'ai assez vu!

D'un geste sec, il referma son registre et, prenant Lurette par la main, rentra dans le Paradis, laissant saint Glinglin planté sur le seuil.

— Mais, protesta faiblement le malheureux, quand pourrai-je entrer au Paradis?

— Le jour de la Saint-Glinglin, lui jeta saint Pierre en claquant la porte.

Et, depuis ce temps, assis sur un nuage à l'entrée du Paradis, le pauvre saint Glinglin essaie de retrouver le jour de son baptême qui sera aussi le jour de sa fête. Il n'y est pas encore parvenu. De temps en

20

temps, pour qu'il ne s'ennuie pas, Lurette lui porte un morceau d'étoile qu'il s'amuse à sculpter pour elle. Quand il n'est pas content de son travail, il jette les morceaux par-dessus bord et ce sont des étoiles filantes.

2

Le voyage en Cathiminie

Il y avait à la guerre de Troie un guerrier grec qui portait le nom de Stentor. Il était célèbre pour la force de sa voix. Quand il injuriait ses adversaires avant le combat, les malheureux mettaient bas les armes sans même essayer de se défendre, tant le vacarme était épouvantable.

En fait de musique Stentor aimait tout ce qui faisait du bruit, le tintamarre des trompettes, le fracas des épées sur les boucliers et les casques, le tonnerre des chars de combat roulant à pleine vitesse sur la pierraille de la plaine. Il avait la démarche pesante et, quand il se déplaçait, on entendait à cent pas à la ronde le martèlement de ses talons et le cliquetis de son armure. Quand il dormait, c'était bien pire encore, car ses ronflements ameutaient le camp grec et alertaient les sentinelles troyennes sur les lointains remparts.

Avec lui il était bien inutile de prendre l'ennemi par surprise. Son moindre chuchotement ressemblait au beuglement d'une trompe et sa respiration caverneuse résonnait comme le souffle d'un ouragan.

Quand la guerre fut finie, Stentor s'embarqua pour regagner sa ville natale d'Argos. Alors un profond silence descendit sur les plages de Troie. Vainqueurs et vaincus poussèrent un grand soupir de soulagement et se débouchèrent les oreilles.

Stentor faisait donc voile sur la Méditerranée en direction d'Argos et le voyage s'annonçait assez bien, quand soudain se déclencha une épouvantable tempête. Il faut dire que Stentor avait eu l'imprudence de défier le dieu Hermès et de prétendre qu'il avait la voix plus forte que lui. Hermès n'est pas un dieu particulièrement vindicatif, mais il résolut de donner une leçon à l'outrecuidant. C'est donc lui qui pria Poséïdon, dieu des mers, de soulever cette tempête.

Elle fut particulièrement réussie. Les vagues se fracassaient sur la proue du navire et balayaient le pont avec un grondement assourdissant, le vent hurlait à casser les oreilles et le tonnerre ébranlait le ciel noir déchiré d'éclairs.

Stentor était dans son élément. Il criait plus fort que la tempête, mugissant des ordres aux marins, maudis-

sant les dieux et injuriant la mer, la foudre et la bourrasque.

Mais la lutte était inégale. Une lame monstrueuse
prit le navire par le travers et le brisa net, jonchant
les flots d'épaves et de débris. Aussitôt la tempête se
calma et Stentor se retrouva seul, accroché à un tron-
çon de mât qui dérivait au gré des courants. Il appela,
mais si puissante qu'elle fût, sa voix se perdit sur
l'immensité de la mer. Il était le seul survivant du
naufrage.

Longtemps, bien longtemps après, alors qu'il était
à bout de forces, les vagues le jetèrent sur un rivage
sablonneux. Il se traîna au sec et s'endormit aussitôt.

Quand il se réveilla, un homme se tenait auprès de
lui et le regardait. A son vêtement il reconnut un
pêcheur.

— Où suis-je? demanda-t-il d'une voix qui pour
lui était faible.

Aussitôt l'autre eut une expression de vive douleur,
porta les mains à ses oreilles et tomba sur le sol, éva-
noui. Stentor se leva tant bien que mal et lui tapota
les joues. L'homme ouvrit des yeux effrayés.

— Ça va mieux? demanda Stentor.

Derechef l'autre s'évanouit. Perplexe, Stentor l'installa du mieux qu'il put sur le sable et se mit en route
vers l'intérieur des terres. Il trouva bientôt une route
de terre battue sur laquelle il s'engagea d'un pas
ferme. Tout en marchant il observa que les petits

animaux des champs s'enfuyaient sur son passage, disparaissant parmi les herbes dans le plus grand silence. D'ailleurs tout était silencieux : nul chant d'oiseau, nul aboiement de chien dans le lointain, nul bruissement du vent dans les arbres.

Au bout d'un certain temps il aperçut un groupe de paysans qui venaient à sa rencontre sur le chemin. Il les héla. A l'instant certains tombèrent sur le sol comme foudroyés et les autres s'enfuirent à toutes jambes. Ils couraient bizarrement, sur la pointe des pieds, comme s'ils avaient voulu éviter de faire le moindre bruit.

Stentor poursuivit sa route et parvint enfin aux abords d'une grande ville. De loin elle paraissait animée. On voyait aller et venir les gens dans les rues, rouler des chariots, passer des ânes chargés de fardeaux. Mais, chose étrange, on n'entendait pas cette rumeur confuse qui s'élève des agglomérations importantes. La ville était silencieuse comme la campagne. Quand il franchit la porte, Stentor n'entendait que le claquement de ses sandales de cuir sur le pavé.

A mesure qu'il avançait les passants fuyaient devant lui comme des fantômes. Ils s'éclipsaient mystérieusement à pas feutrés par les portes entrebâillées des maisons et Stentor marchait entre deux rangées de façades aveugles derrière lesquelles il devinait confusément que des yeux effrayés l'observaient.

26

Il parvint ainsi jusqu'à la place centrale où se dressait la statue gigantesque d'un homme qui tenait un doigt devant ses lèvres. La place, bien entendu, était déserte et Stentor en fit le tour sans rencontrer âme qui vive.

La colère commençait à monter en lui. L'hospitalité, comme chacun sait, est un devoir sacré et les habitants de cette ville péchaient contre toutes les traditions.

Il marcha jusqu'au milieu de la place et, de sa voix la plus forte, hurla :

— Holà ! Êtes-vous tous morts ? Je ne vous veux pas de mal. Je ne suis qu'un pauvre naufragé qui demande aide et assistance. Au nom des dieux, me les refuserez-vous ?

Le tonnerre de sa voix se répercuta le long des rues vides et fit trembler les édifices sur leurs bases. Une corniche se détacha d'un temple voisin et s'écroula silencieusement. Stentor s'attarda à considérer les dégâts.

C'est ainsi que, le dos tourné, il ne vit pas sortir d'une rue adjacente un groupe d'hommes armés qui avançaient comme des ombres et sans le moindre bruit. Chacun portait sous son casque d'épais tampons de laine qui lui couvraient les oreilles. Ils parvinrent à proximité de Stentor sans qu'il s'en aperçût. Sur un signal silencieux ils s'élancèrent tous ensemble vers lui et eurent tôt fait de le maîtriser. Leur premier soin fut de lui fixer sur la bouche un solide bandeau qui l'empêchait d'émettre le moindre son.

Stentor se défendit comme un beau diable, mais que faire contre le nombre? Il ne pouvait même pas crier. Le bandeau, l'étouffant à moitié, retenait sa voix au fond de sa gorge. On le mena vers une porte de prison où on le jeta dans un cachot sous terre.

Les murs et le sol du cachot étaient revêtus d'un épais matelas et il y régnait un silence profond. Épuisé par tant d'aventures, Stentor s'endormit, son bâillon toujours sur la bouche.

Un très léger cliquetis l'éveilla. La porte du cachot s'ouvrit sans le moindre grincement sur ses gonds bien huilés. Un vieil homme barbu parut sur le seuil. Il considéra longuement le prisonnier. D'une voix à peine audible, il murmura :

— Je vois à ton costume que tu viens d'Argos. J'y suis allé autrefois et je parle ta langue. Mon nom est Olibrius. Si tu me promets de parler doucement, très doucement, je déferai ton bâillon et nous pourrons causer.

— Où suis-je?

— Moins fort, s'il te plaît. Nous avons l'oreille fine et nous entendons le moindre chuchotement. Tu es ici en Cathiminie.

— En catimini?

— La Cathiminie est le nom de ce pays où règne le roi Motus. C'est un pays prospère et riche, mais, comme tu as pu t'en rendre compte, le bruit en est banni. Le silence est la loi.

— Mais comment peut-on vivre sans faire du bruit ?

— On y arrive très bien. Il y a très longtemps la Cathiminie avait atteint un tel degré de puissance et d'activité qu'on n'y entendait plus nuit et jour dans les rues que le roulement des chariots, le martèlement des forgerons, les cris des marchands, les fanfares des trompettes de l'armée qui s'exerçait et l'incessante rumeur de la foule. Les habitants ne connaissaient plus de repos. Ils devenaient nerveux, irritables, moroses, grincheux. La ville était secouée de constantes querelles. C'est alors qu'un roi sage édicta la loi du silence. Les hommes furent les premiers à s'y soumettre, puis on y habitua les animaux, les objets, les éléments même. Quand une tempête souffle ici, c'est à peine si l'on entend un susurrement et quand un orage éclate, le tonnerre se tait.

— Pourtant, catimini ou pas, il faut bien parler.

— Dans la mesure du possible on parle par signes, mais quand il devient indispensable d'user de la parole, on le fait à voix basse, très basse, comme nous parlons maintenant.

— Je ne pourrai jamais m'y habituer.

— Il faudra bien pourtant, sans quoi tu risques de rester longtemps dans ce cachot. Je suis chargé de te donner des leçons puisque je parle ta langue. Tu verras, c'est une question de volonté. Nous allons commencer tout de suite.

Et Stentor prit sa première leçon de silence. Il y en eut beaucoup d'autres. Ce n'est qu'au bout de plusieurs semaines qu'on l'autorisa à sortir de sa prison. Ses sandales de cuir avaient été remplacées par des chaussons de feutre et il avait appris à marcher comme tout le monde sur la pointe des pieds.

— Souviens-toi, lui rappela Olibrius, les gens d'ici ne supportent pas le moindre bruit. Ils en souffrent atrocement au point de s'évanouir et parfois même d'en mourir.

Un jour on l'admit à se promener dans les rues. Plus personne ne fuyait devant lui. Les gens l'accueillaient avec des sourires avenants, mais silencieux. Quelquefois une furieuse envie de parler lui montait à la gorge, mais il se répétait à lui-même : « Catimini, je suis en catimini », comme un mot magique et sa bouche restait close.

Il avait souvent avec Olibrius de longues conversations chuchotées et il en apprenait toujours davantage sur les mœurs du pays. Il parlait maintenant couramment la langue cathiminienne, ce qui était facile, car elle contenait peu de mots. Peu à peu il avait pris lui aussi le goût du silence et souffrait quand d'aventure un bruit frappait son oreille.

Un jour son vieux mentor lui dit :

— Le roi Motus désire te voir.

30

Stentor se rendit donc au palais royal. Quand il fut devant le roi Motus, ce dernier lui fit signe de s'approcher et lui murmura à l'oreille :

— Stentor, je sais que tu es un valeureux guerrier. Il se trouve que nos voisins d'au-delà des montagnes se préparent à nous attaquer. Veux-tu prendre la tête de mes armées?

Stentor qui commençait à s'ennuyer de ne rien faire, accepta la proposition et commença aussitôt l'entraînement de ses troupes. Les Cathiminiens avaient une façon bien particulière de se battre. Ils évitaient les batailles rangées et leur tintamarre. C'est la nuit qu'ils attaquaient par coups de main rapides et silencieux. L'ennemi ne les entendait pas venir et ils repartaient comme des ombres avant même que l'alerte fût donnée.

Bientôt l'armée des assaillants se présenta aux frontières du pays. Stentor conduisit ses soldats à proximité de leur camp et les disposa pour l'assaut, attendant que la nuit fût venue pour donner le signal du combat. Ce signal devait être transmis de bouche à oreille tout au long des lignes afin que nul ne pût l'entendre.

L'attente fut longue et les heures passaient lentement. Stentor sentait monter en lui sa vieille impatience. Son cœur battait à se rompre et sa poitrine se gonflait d'une ardeur qu'il avait peine à réprimer. Quand le moment fut venu, la fureur du combat s'empara de lui et au lieu de chuchoter son ordre, il se leva tout soudain en brandissant son épée et hurla à pleine voix :

— En avant, mes amis! A l'assaut! Tuez-les tous!

Frappée de plein fouet par la terrible clameur, l'armée cathiminienne s'écroula sur le sol en proie aux plus affreuses souffrances. Stentor lui-même crut que sa tête allait éclater au son de sa propre voix.

Fort heureusement l'ennemi soudain tiré de son sommeil par cette voix surnaturelle, crut qu'un dieu l'attaquait, prit peur et se dispersa en désordre. Le désastre fut évité de justesse. Stentor ranima ses hommes comme il put et rentra à la ville se présenter tout penaud et tout confus devant le roi Motus.

— Stentor, lui dit ce dernier dans un murmure, tu n'es pas fait pour vivre en Cathiminie. Il vaut mieux que tu retournes chez toi en Argos. Je vais faire mettre un bateau à ta disposition et dès demain tu prendras la mer.

Le malheureux eut beau protester que ce n'était qu'un accident, qu'il avait appris les vertus du silence, que désormais il saurait retenir sa langue, le roi Motus fut inflexible.

C'est ainsi que dès le lendemain Stentor se retrouva seul sur l'Océan à bord d'une frêle embarcation ballottée par les vagues. Il navigua longtemps. Quand la mer était calme, il jouissait du silence, mais quand survenait une tempête, il se bouchait les oreilles avec de la cire, incapable qu'il était devenu de supporter le moindre bruit.

Un jour enfin il arriva en vue de Nauplion, le port d'Argos. De loin, sur les eaux, lui parvenait la puissante rumeur de la rade, pleine de bateaux en chargement. Il attendit le soir pour toucher terre dans une crique isolée. Il se faufila dans l'ombre à travers les rues désertes du port et gagna la route d'Argos. Il marchait sur la pointe des pieds, toujours chaussé de ses chaussons de feutre.

Vers l'aube, il rencontra des groupes de paysans qui allaient travailler aux champs. Chaque fois il se faufila dans les herbes, bouchant ses oreilles pour ne pas entendre leurs conversations. Quelqu'un pourtant l'aperçut et le reconnut. La nouvelle de son arrivée se répandit comme une traînée de poudre. Stentor était un héros populaire en Argos et le peuple alerté s'apprêta à lui faire fête.

Quand il arriva aux portes de la ville, une multitude l'attendait. Une immense acclamation monta vers lui, les trompettes sonnèrent, les tambours battirent. Interdit, épouvanté et souffrant mille morts, il se mit les mains sur les oreilles et resta immobile au milieu de la route.

Puis soudain il fit demi-tour et s'enfuit dans la montagne. Il courut longtemps, longtemps, jusqu'à perdre haleine. Il arriva ainsi dans un petit vallon loin de toute habitation humaine. L'air y était calme, le vent léger et c'est à peine si l'on entendait le discret murmure d'une source voisine. Stentor décida de s'y construire un ermitage. Il s'y installa avec des brebis à qui il apprit à ne pas bêler et avec des poules à qui il apprit à ne pas caqueter. Jamais plus on n'entendit la voix de Stentor. Il vécut là le restant de ses jours sans jamais voir ni entendre personne et ne sortant que dans le silence de la nuit, toujours en catimini.

3

Le coup de go

De nos jours, quand on dit qu'on fait quelque chose tout de go, cela veut dire qu'on le fait vite et presque sans y penser. Pourtant le jeu de go exige une savante lenteur et beaucoup de réflexion. C'est un vieux jeu japonais qui se joue avec des pions blancs et des pions noirs. Chaque joueur à tour de rôle pose ses pions sur un damier et cherche à encercler les pions de l'autre. Cela demande à la fois de la mémoire, de l'attention et du jugement. Certaines parties peuvent durer des semaines, des mois, voire des années. Dans l'île de Shokoku les deux samouraïs Kyoatsu et Kokatsu en avaient entamé une qui durait depuis bientôt cinquante ans.

Le métier des samouraïs est de faire la guerre et à cette époque au Japon on la faisait tous les jours.

Kyoatsu et Kokatsu n'avaient donc que peu de temps pour s'asseoir devant la table de go et continuer leur partie. Cela ne les empêchait pas de prendre leur temps et il s'écoulait parfois des heures avant que l'un d'eux se décidât à plaquer un de ses pions sur le damier d'un geste sec et sonore. Entre-temps ils buvaient du saké en croquant du bout des baguettes des boulettes de poisson cru.

Autoritaire et tyrannique, Kyoatsu contenait mal sa colère quand son adversaire réussissait un coup inattendu. Il allait jusqu'à cligner deux fois l'œil gauche en émettant un léger sifflement, ce qui étaient des signes d'agitation extrême. Kokatsu, retors et subtil, était davantage maître de lui-même. C'est tout juste si son nez se plissait légèrement lorsqu'il combinait quelque stratagème particulièrement biscornu.

Entre la guerre et le go la vie s'écoulait donc assez paisiblement dans l'île de Shokoku.

Or un jour un typhon balaya la mer de Chine de Sumatra jusqu'au Japon, emportant avec lui des centaines de navires dont la plupart sombrèrent corps et biens. Quelques-uns pourtant survécurent et parmi eux le navire hollandais *Kopje*, commandé par le capitaine Franck. Le *Kopje* transportait à Java la princesse Isabelle qui allait épouser l'empereur du Madjapahit.

Pendant des jours et des nuits le *Kopje* fut chassé par le vent à des vitesses inimaginables. Mâts arrachés, pont dévasté, il n'était, parmi les lames hautes comme des tours, qu'une coquille de noix sur la mer couleur d'encre. Les hommes d'équipage avaient été emportés un par un par les lames et le capitaine Franck, ficelé à la barre par une corde solide, luttait seul contre les éléments. Il luttait en vain d'ailleurs car le gouvernail ne répondait plus. N'ayant vu depuis longtemps ni le soleil, ni les étoiles, il ne savait où le poussait sa course errante. Mais le capitaine Franck ne désespérait pas. Ce géant blond aux yeux bleus ignorait la peur. Sans dormir et sans manger depuis de longs jours et grommelant des jurons dans sa barbe, il tentait inlassablement de maintenir son navire face aux vagues.

Et la princesse Isabelle? direz-vous. Eh bien, la princesse Isabelle était enfermée à fond de cale et ne s'ennuyait pas du tout. Elle avait réussi à découvrir un quinquet qui lui fournissait une rare et vacillante lumière. Mais cela lui suffisait pour se voir dans le miroir qui ne la quittait jamais, et pour se faire une beauté. Ce n'est pas qu'elle en eût besoin, car elle était fort belle et le restait malgré les privations de ce voyage épouvantable, mais elle était aussi très coquette. Essayer des bijoux et des parures était sa distraction préférée. Ce n'était pas très facile dans un bateau bousculé, ballotté, secoué par les lames, mais Isabelle était agile et parvenait toujours à retrouver son équilibre.

A côté d'elle sa dame de compagnie, Catherine,

morte de peur, cachait sa tête sous une bâche et ne bougeait plus.

— Vois, Catherine, comme ce collier de jade va bien à mon teint. Je gage qu'au Madjapahit il y en aura de bien plus beaux encore.

— Nous n'y arriverons jamais! gémit Catherine sous sa bâche.

Isabelle dut s'accrocher à une poutre car un coup de mer particulièrement violent mit le navire presque sur le flanc.

— Allons, fais donc confiance au capitaine Franck. Il a pour toi un sentiment tendre et je suis sûre qu'il fera tout pour te sauver.

C'était vrai. Le capitaine Franck était amoureux de Catherine et c'est à elle qu'il songeait, plus qu'à la princesse, en peinant sur sa barre rétive.

De longues heures passèrent encore ainsi et soudain la tempête se termina aussi brusquement qu'elle avait commencé. Ce qui restait du *Kopje* flottait tranquillement sur une mer d'huile. Isabelle mit sa plus belle robe et monta sur le pont avec Catherine.

— Où sommes-nous, capitaine? demanda-t-elle.

— Je l'ignore, princesse, mais j'aperçois une terre sur bâbord. Je vais essayer de l'atteindre.

Sans voiles et sans mâts ce fut un travail long et difficile, mais après de prodigieux efforts, le capitaine Franck réussit à échouer la carcasse du *Kopje* sur une grève de galets multicolores.

C'est ainsi que la princesse Isabelle aborda sans le

savoir sur l'île de Shokoku. Les naufragés débarquèrent et suivirent ce qui paraissait être un petit sentier serpentant à travers une forêt d'arbres nains. Les pins et les érables leur arrivaient à peine à la taille.

— Comme c'est étrange, capitaine ! s'écria Isabelle. Les gens d'ici doivent être tout petits pour avoir des arbres aussi minuscules.

Ils traversèrent une étroite et sinueuse rivière sur un pont de poupée. Mais la maison devant laquelle ils débouchèrent soudain était de dimensions normales. Un grand arbre aux feuilles d'or en ombrageait la façade.

L'arbre était un *ginko* sacré et la maison était celle de Kyoatsu et de Kokatsu, mais les naufragés ne le savaient pas.

— Regardez ! c'est une maison en papier ! s'écria Isabelle. Les portes sont ouvertes. Allons voir !

— Attendez, princesse, dit Franck en tirant son sabre, je vais m'assurer qu'il n'y a pas de danger.

Mais la maison était vide. Il faut dire que ce jour-là Kyoatsu et Kokatsu étaient allés faire la guerre à l'autre bout de l'île et leurs domestiques en avaient profité pour se rendre au village voisin où se déroulait une grande compétition de *sumo*, c'est-à-dire de lutte japonaise. On pouvait laisser la maison ouverte et sans gardiens tant la terreur qu'inspiraient les deux samouraïs était grande. Nul n'aurait osé s'approcher seulement du seuil.

Nos naufragés ignoraient cela. C'est donc sans

crainte qu'ils pénétrèrent dans la demeure, s'émerveillant de tout ce qu'ils voyaient. Les planchers polis étaient couverts de fines nattes de paille de riz et les murs étaient en papier translucide. Çà et là étaient disposés des bouquets d'une merveilleuse élégance.

Pratique, le capitaine Franck chercha d'abord la cuisine et tous trois apaisèrent leur appétit avec du riz et du poisson séché qui étaient disposés sur une table. Puis ils découvrirent le bain, firent chauffer l'eau et réparèrent leur toilette. Isabelle ne pensait qu'à sa robe qui s'était mouillée et froissée pendant le débarquement. A force de fureter elle trouva un coffre plein de kimonos de soie aux couleurs incroyables. Folles de joie, Catherine et elle se mirent à les essayer et à se pavaner devant un grand miroir qui était placé au fond de la pièce entre deux statuettes d'or. Le capitaine Franck, un peu inquiet tout de même, montait la garde.

Le soir commençait à tomber quand les trois naufragés se retrouvèrent dans la grande salle de la demeure. Ce fut Catherine qui découvrit dans un coin une petite table basse en laque sur laquelle était posé une sorte de damier. Des jetons d'ivoire et d'ébène y formaient un étrange dessin; d'autres jetons étaient entassés dans deux bols de part et d'autre de la table.

— Venez voir, princesse ! s'écria-t-elle. On dirait de petits cailloux !

Isabelle s'approcha et fit la moue.

— Les cailloux sont jolis, mais le dessin n'est pas très beau.

Elle ignorait que ce qu'elle traitait avec un tel dédain n'était autre que la fameuse partie de go entamée cinquante ans plus tôt par Kyoatsu et Kokatsu. Partant pour la guerre, ils avaient laissé, comme à l'accoutumée, les pions disposés sur le damier, pensant bien que nul au monde n'oserait y toucher.

Mais le monde est grand et ils ne pouvaient imaginer que la princesse Isabelle ferait naufrage sur leur île. D'un geste preste elle rafla les jetons sur la table, détruisant ainsi cinquante ans d'ingéniosité, d'astuce, de réflexion et de patience.

Isabelle n'en savait rien, mais l'eût-elle su que sa cervelle de linotte n'y eût pas prêté une pensée. Elle faisait couler les pions entre ses doigts avec ravissement.

— Regarde, Catherine. Quel dommage qu'ils n'aient pas de trous ! On aurait pu en faire un bien joli collier. Capitaine, avec votre canif, ne pourriez-vous pas essayer de les trouer ?

Le capitaine Franck était en train d'examiner les jetons quand on entendit soudain un double grognement qui venait de la porte.

Les trois naufragés se retournèrent et se trouvèrent nez à nez avec Kyoatsu et Kokatsu qui venaient tout juste de rentrer de la guerre. C'était un extraordinaire et terrifiant spectacle que celui des deux samouraïs en tenue de combat. Leurs casques ajourés les faisaient paraître deux fois plus grands que des hommes normaux et leurs armures matelassées trois fois plus gros. Ils ressemblaient à d'énormes langoustes brunes.

Pendant un très long moment les trois naufragés et les deux samouraïs se regardèrent sans bouger, puis le capitaine Franck s'avança de deux pas, fit une profonde révérence et dit en hollandais :

— Messeigneurs, la princesse Isabelle, ici présente, qui vient d'un lointain pays d'Occident, a été jetée par la tempête sur vos côtes. Elle vous demande l'hospitalité pour elle et ses compagnons et vous prie d'excuser la liberté qu'elle a prise d'entrer dans votre auguste demeure.

Il répéta la même chose en français, en allemand, en espagnol, en portugais, en italien, en arabe, en ourdou, en tamoul, en iloko, en sambali, en tagal et en krama de Java. Cela prit pas mal de temps et tout ce temps-là Kyoatsu et Kokatsu restèrent immobiles. C'est tout juste si l'œil gauche de l'un et le nez de l'autre trahissaient chez eux une profonde émotion.

Ils ne comprenaient que le japonais et se demandaient ce que ces intrus pouvaient bien faire dans leur maison. Le code d'honneur des samouraïs leur ordonnait d'être impassibles tant qu'ils n'auraient pas décidé s'il s'agissait d'hôtes ou d'ennemis. Si c'étaient des ennemis quelques coups de sabre appliqués avec grâce et précision devraient faire tomber leurs têtes.

Si c'étaient des hôtes, il faudrait leur offrir du thé.

Pour le moment ils ne voyaient devant eux qu'un grand diable barbu qui leur tenait des discours incompréhensibles et plus loin dans la salle deux jeunes filles au visage étrangement pâle, l'une petite et brune, revêtue de la robe de chambre jaune de Kyoatsu, l'autre grande et blonde, revêtue du kimono d'apparat bleu de Kokatsu.

C'est alors que leurs yeux tombèrent sur la table de go et sur les mains d'Isabelle qui continuait à jouer distraitement avec les pions. Du coup ils en oublièrent leur impassibilité. Montrant d'un doigt tremblant la table dévastée, ils se mirent à trépigner en poussant des hurlements épouvantables. Prudent, le capitaine Franck recula de quelques pas en tirant son sabre.

Bien lui en prit, car les deux samouraïs soudain, poussant un cri sauvage de « Banzaï! », se ruèrent à l'assaut.

Heureusement le capitaine Franck était fort et agile. De leur côté Kyoatsu et Kokatsu n'étaient plus de la première jeunesse. Ils se battaient selon les règles traditionnelles et compliquées du combat des samouraïs, que le capitaine Franck ignorait complètement. Le combat, donc, resta indécis. Les adversaires allaient et venaient dans la salle au milieu d'un grand fracas d'armes entrechoquées.

— Catherine, dit Isabelle, j'ai l'impression que ces

messieurs ne sont pas contents que nous ayons touché à leurs cailloux. Nous allons les remettre sur la table et leur faire un dessin encore plus joli que le leur. Tu mettras les cailloux noirs et moi je mettrai les cailloux blancs.

Prestement elles se mirent à l'ouvrage tandis que Franck, faisant tournoyer son sabre, maintenait ses adversaires en respect. En moins d'une minute elles eurent terminé et le dessin sur la table était vraiment très joli.

— Voilà, dit Isabelle. Il suffit d'avoir un peu de goût. Mais il faudrait que ces messieurs fassent un peu attention à ce que nous avons fait.

Avec toute l'inconscience que donne une tête de linotte, Isabelle se glissa entre les combattants et tira Kyoatsu et Kokatsu par la manche.

— Messieurs, venez voir vos petits cailloux. Tout le mal est réparé.

Stupéfaits par tant d'audace, les deux samouraïs baissèrent leurs armes et regardèrent la princesse.

— Allons, venez...

Docilement ils la suivirent. Quand ils furent devant la table, ils s'immobilisèrent soudain tous deux, comme fascinés. Il y eut un long, très long silence. L'œil gauche de Kyoatsu clignotait à toute vitesse et le nez de Kokatsu remuait comme celui d'un lapin.

— Mon honorable ami, dit enfin Kyoatsu à son compère, dans la mesure où me le permet ma très

imparfaite connaissance du jeu de go, je crois pouvoir humblement dire que les blancs me paraissent ici remporter une victoire parfaite.

— Mon frère très honoré, répondit Kokatsu, ta maîtrise du jeu de go est infiniment supérieure à la mienne, aussi est-ce avec beaucoup de honte et de contrition que je crois devoir te contredire : ce sont les noirs qui triomphent et d'une manière sublime.

— Mon honorable ami, reprit Kyoatsu qui commençait déjà à perdre patience, mon caractère intolérablement entêté me porte à répéter que ce sont les blancs qui gagnent.

— Mon frère très honoré, ma stupide obstination me conduirait à te contredire, mais, plutôt que de nous disputer, ne vaudrait-il pas mieux demander la réponse à cette remarquable jeune personne qui a la peau blanche comme la neige et les cheveux dorés comme le chrysanthème impérial et qui a réussi à jouer cette extraordinaire partie en moins de temps qu'il n'en faut au papillon pour butiner une fleur ?

Avec force gestes Kokatsu essaya de poser sa question à Isabelle. Mais naturellement elle n'y comprit rien.

— Vous ne trouvez pas le dessin assez joli ? Attendez, je vais vous arranger cela.

En un tournemain elle modifia la position des pions sur le damier.

Les deux samouraïs aspirèrent de l'air entre leurs dents, émettant un long sifflement.

— Génial ! dit Kyoatsu.

— Divin ! dit Kokatsu. Cette jeune personne est manifestement inspirée par l'esprit de l'empereur Yao qui fut l'inventeur du jeu de go !

Et, posant leurs sabres devant eux, ils se prosternèrent profondément aux pieds d'Isabelle qui trouva cela tout naturel.

Après cela les choses furent très faciles. Devenus des hôtes de marque les trois naufragés furent traités avec le plus profond respect.. Ils réparèrent leurs forces dans le luxe et l'abondance. Isabelle surtout, considérée comme un être de sang divin, était parfaitement heureuse. Elle avait à sa disposition toutes les soieries, tous les bijoux qu'elle pouvait souhaiter. Elle apprit l'art de faire des bouquets, l'art de servir le thé et une quantité d'autres choses amusantes.

Un beau jour le capitaine Franck vint lui dire :

— Princesse, l'empereur du Madjapahit doit commencer à s'impatienter. J'ai appris qu'une jonque doit prochainement quitter Shokoku pour le détroit de la Sonde. Peut-être pourrions-nous y trouver des places.

— Au diable le Madjapahit ! répondit Isabelle. Je me trouve bien ici.

— Pourtant, princesse, mon devoir exige...

— Qu'il exige ce qu'il voudra ! Je ne vous interdis pas de partir, capitaine, si vous le désirez.

— Avec votre permission, princesse, je m'embarquerai sur cette jonque.

— Je partirai avec lui! s'écria Catherine.

Ainsi fut fait. Quelques jours plus tard Franck et Catherine prirent le large à bord de la jonque. Un peu triste tout de même, Isabelle les avait accompagnés jusqu'au port. Évitant les typhons, les pirates et les autres dangers de la mer, ils atteignirent Bornéo sans encombre. De là, une barque malaise les conduisit à Ceylan où ils trouvèrent un navire indien chargé d'épices en partance pour Bassorah. Ils traversèrent la Perse et la Syrie avec une caravane et embarquèrent à Tripoli à bord d'un boutre turc qui les mena jusqu'à Marseille.

L'endroit leur parut agréable et ils y achetèrent une auberge avec le produit des trésors qu'ils avaient ramenés de leur voyage. Le soir, sous la tonnelle, le capitaine Franck racontait ses navigations aux habitués et en particulier l'histoire du coup de go de la princesse Isabelle. Comme il passait beaucoup de monde par l'auberge, l'anecdote finit par se répandre et c'est ainsi que les gens prirent l'habitude de dire qu'ils faisaient une chose tout de go quand ils la faisaient en un tournemain, sans y songer, comme la princesse Isabelle.

Cette dernière resta dans l'île de Shokoku. Kyoatsu et Kokatsu s'étaient tous deux mis en tête de l'épouser. Ils demandèrent à Isabelle de choisir entre eux. Comme elle les trouvait bien trop vieux l'un et l'autre,

48

elle leur suggéra de jouer sa main au go. C'était malin, car ils moururent de vieillesse bien longtemps avant que la partie fût terminée.

Isabelle qui hérita de leur fortune, épousa un jeune samouraï du voisinage. Et alors elle le fit tout de go.

4

Les gâteaux
de Maître Galipette

On ne sait plus faire de galipettes de nos jours.
J'entends des vraies galipettes de jadis, ces petits
gâteaux ronds, dorés et croquants qui donnaient
envie de danser chaque fois qu'on en mangeait et
rendaient la joie de vivre aux plus moroses.

Cela remonte à bien longtemps. Il y avait quelque
part dans le vaste monde — je ne sais plus où — un
royaume triste. Tout le monde y était triste, le roi, les
sujets, les animaux, le temps lui-même qui était toujours maussade. Dans ce royaume ce n'était jamais le
printemps et l'on ne voyait pas les cabris gambader
dans les champs, les écoliers s'égailler en poussant des
cris joyeux à la sortie de l'école, les hirondelles vire-
volter dans le ciel d'été. Tout était pesant, morose,
terne, froid et les gens avaient des faces de carême.

Le pays était riche pourtant. Chaque année les récoltes étaient abondantes et les artisans produisaient à profusion tout ce qui peut rendre la vie agréable. Mais la tristesse était dans les cœurs, on ne savait pas pourquoi, et rien ne pouvait l'en déloger.

On peut vivre triste à condition de ne pas s'en rendre compte. Mais il y avait les voyageurs qui passaient par le pays et permettaient de faire des comparaisons. Quand l'un d'entre eux se présentait à l'auberge et commandait d'une voix joviale du vin et un bon repas, la façon lugubre de le servir qu'avait l'aubergiste, suffisait à lui couper l'appétit.

— Mais qu'avez-vous donc, bonnes gens ? demandait-il. Quel chagrin vous accable ? quel deuil vous a frappés pour vous mettre d'aussi pitoyable humeur ?

— Nous ne savons pas, répondaient les autres. Nous sommes tristes, voilà tout.

— Buvez ! chantez ! cela vous rendra vite votre bonne humeur !

— Hélas ! cela nous rend encore plus tristes.

— Alors dansez !

— Nous voudrions bien, mais nous ne savons pas danser.

Le roi était le plus préoccupé de tous. Sa cour était sinistre et l'on s'y ennuyait tellement que tout le monde y avait les larmes aux yeux à force de bâiller. Ce qui le chagrinait le plus, c'était le sort de sa fille, la princesse Cécile, qui était la plus belle et la plus gracieuse des princesses, mais qui s'enlaidissait à force de pleurer et de passer des journées entières à regarder par la fenêtre la pluie qui tombait sur le sombre parc du château.

Elle rêvait pourtant. Elle rêvait d'un grand bal où des dizaines de jeunes gens et de jeunes filles virevolteraient gaiement au son d'une musique entraînante et où un prince beau comme le jour l'entraînerait dans une danse éperdue. Elle y rêva tant et tant qu'elle conçut un vif désir de voir se réaliser son rêve.

— Sire mon père, dit-elle un jour au roi, je voudrais que vous organisiez un bal à la cour.

— Un bal? Mais cela ne s'est jamais fait!

— Pourquoi ne pas essayer?

— Mon Dieu, si tu le désires vraiment...

On essaya donc et ce fut une catastrophe. Les airs lugubres que jouaient les musiciens, paralysaient les danseurs qui eux-mêmes n'arrivaient à mettre un pied devant l'autre que du pas lent et contraint de gens marchant à l'échafaud. La soirée fut mortelle et la princesse Cécile ne cessa de pleurer.

Entendant la sinistre musique qui sortait des fenêtres du château, les gens hochaient la tête d'un air peiné.

— L'intention était bonne, disaient-ils, mais quand le cœur n'y est pas, il n'y a rien à faire.

Or ce soir-là logeait à l'auberge un hôte de marque. C'était un jeune homme beau comme le jour dont la mise élégante attestait la haute qualité. Il ne faisait que passer par la ville et, comme tous les autres voyageurs, il avait été frappé par la morosité de l'accueil.

— Que se passe-t-il donc? demanda-t-il. Y a-t-il un deuil dans la famille royale et est-ce la messe des morts que l'on entend?

— Hélas! non, monseigneur, répondit l'aubergiste. C'est un bal qu'on donne à la cour.

— Étrange bal! Y en a-t-il souvent du même genre?

— C'est le premier, monseigneur, et j'ai bien peur que ce ne soit le dernier, car la gaieté qu'escomptait notre pauvre roi, n'y semble point régner. La malheureuse princesse Cécile doit être bien déçue. Elle se consume de tristesse et si cela continue, elle en mourra sûrement.

— Est-elle belle au moins?

— Très belle, monseigneur, mais rien n'égale la beauté d'un sourire.

Le lendemain matin le jeune homme se présenta au château et demanda audience au roi.

— Sire, dit-il, je suis le prince Raymond d'Occitanie et je voyage incognito par le monde afin de m'instruire. Je ne me serais pas fait connaître si je n'avais appris qu'un mal de tristesse afflige votre royaume et que la princesse votre fille elle-même en est affectée. Je viens vous offrir mes services. Que puis-je faire pour Votre Majesté?

— Hélas! pas grand-chose, prince. Notre tristesse est tenace, mais en ce qui concerne ma fille, si vous

54

parveniez à faire danser les gens de ma cour, peut-être cela allégerait-il la peine qu'elle porte au fond de son cœur.

— Sire, je ne suis pas maître de danse et je ne connais que le métier des armes, mais il n'est pas possible qu'au cours de mes voyages je ne trouve pas dans tout le vaste monde quelque remède à votre mal. Je vous ramènerai les meilleurs musiciens, les meilleurs danseurs. M'autorisez-vous à dire moi-même à la princesse que je suis désormais tout à son service?

Le roi fit venir Cécile qui avait les yeux rouges, mais qui était quand même très belle. Le prince Raymond sentit battre son cœur. Et ce fut encore bien autre chose quand la princesse leva les yeux vers lui et le regarda. Elle reconnut en lui le jeune homme qui la faisait danser dans ses rêves et l'ombre d'une expression de joie passa sur son visage pâli, le parant d'une inexprimable beauté.

— Princesse, dit Raymond en se mettant à genoux, je jure qu'avant un an j'aurai ramené le sourire sur ces jolies lèvres et la gaieté dans ce royaume.

Il se mit aussitôt en route, ne sachant trop par où commencer sa quête. Il essayait de se remémorer les musiciens et les danseurs qu'il avait rencontrés au cours de ses voyages, mais aucun ne lui semblait capable de venir à bout de pareil problème.

A quelques jours de là, comme il cheminait par une épaisse forêt, il aperçut des brigands qui s'apprêtaient à dévaliser et à égorger un voyageur. Tirant son épée, il fondit sur eux et les pourfendit en quelques instants.

Le voyageur, un petit homme rondouillard et joyeux, le remercia avec effusion.

— Monseigneur, dit-il, je vous dois la vie. Mais le monde entier vous doit d'avoir évité une perte irréparable. Je suis le grand Galipette en personne.

— Galipette ?

— Comment se peut-il que vous ne connaissiez pas mon nom ? Je suis Maître Galipette, le roi des confiseurs, l'empereur des pâtissiers. On voit que vous n'avez pas encore l'âge d'apprécier la bonne chère! Je viens d'Espagne où j'ai préparé le gâteau d'anniversaire de l'Infante et je me rends à Kiev où je dois préparer le gâteau de mariage du Tsar de toutes les Russies. Je ne travaille que pour les têtes couronnées, mais tout mon talent est à votre service. Que puis-je faire pour vous? Un baba? Un chausson aux pommes? Des crèpes fourrées à la gelée de myrtilles?

— Non, mon ami, c'est autre chose que je cherche et tu me serais bien utile si au lieu d'être pâtissier tu étais danseur ou musicien.

Et chemin faisant, le prince Raymond conta son histoire à Maître Galipette.

Ce dernier gratta son crâne chauve.

— Diable, monseigneur, votre mission est difficile. Mais ne désespérez pas. Je crois que je puis vous aider. La science d'un pâtissier est plus profonde qu'on ne croit. Si vous voulez débarrasser ces gens-là de leur tristesse et les faire danser un bon coup, il faut leur faire manger des galipettes.

— Des galipettes? Mais c'est ton nom!

— Oui, je l'ai donné à ce gâteau de mon invention, car de toutes mes trouvailles, c'est celle dont je suis le plus fier. Voyez-vous, monseigneur, quand on mange une de mes galipettes, les jambes les plus rebelles se délient, on ne peut s'empêcher de danser, de sauter, de gambader. Les plus perclus retrouvent toute la vivacité de la jeunesse. C'est un gâteau vraiment merveilleux.

— Peux-tu m'en préparer?

— Voilà bien la difficulté, monseigneur. J'ai ici la recette et je puis vous la donner. Malheureusement il me manque l'ingrédient principal et, celui-là, il est bien difficile de se le procurer. Voyez-vous, pour qu'une galipette fasse son effet, il faut incorporer à la pâte un peu de farine de haricot danseur.

— De haricot danseur? Je n'ai jamais entendu parler de ce légume!

— Il existe pourtant, monseigneur, mais on ne trouve les haricots danseurs que dans un pays lointain qui s'appelle le Mexique et il faudrait que vous alliez jusque-là pour vous en procurer.

— J'irai. Indique-moi le chemin.

— Il faut que vous cheminiez vers l'ouest pendant des jours et des jours jusqu'à atteindre les bords du Grand Océan. Là, vous prendrez un bateau et vous voguerez toujours vers l'ouest jusqu'à ce que vous trouviez une terre rouge, verte et or où les hommes ont la peau cuivrée. C'est là le Mexique. En cherchant bien vous y trouverez les haricots danseurs.

Le prince fit tourner son cheval.

— Je pars.

— Attendez tout de même que je vous donne la recette! Elle est toute sur ce papier : de la farine, du sucre, du beurre, de la noix râpée, un soupçon de miel et surtout, surtout un grain de farine de haricot danseur par livre de pâte.

— Merci! cria le prince en lançant son cheval au galop.

· Il atteignit la mer du côté de La Rochelle et trouva un bateau qui partait pour le Mexique. Ce fut un long voyage entrecoupé de tempêtes et de journées de calme plat. Il fallut repousser une attaque de pirates, louvoyer à travers les récifs de corail, longer interminablement une côte inhospitalière. Finalement le prince Raymond débarqua à Veracruz et se mit aussitôt en quête des haricots danseurs. Il n'y en avait pas dans la région et il s'enfonça vers l'intérieur des terres, gagnant par étapes les hauts plateaux entre les volcans neigeux.

Un jour enfin, dans un petit village du nom de Huejotzingo, il trouva un homme devant sa porte qui jouait avec des haricots, et ces haricots, au lieu de se tenir tranquilles comme des haricots ordinaires, ne cessaient de tressauter, de bondir, de culbuter comme si quelque diable les avait habités. Sans aucun doute c'étaient bien là des haricots danseurs.

Fasciné par l'étrange spectacle, le prince Raymond s'attarda un long moment à le contempler, puis il se souvint de sa mission.

— Veux-tu me vendre ces haricots? demanda-t-il à l'homme qui n'avait même pas levé ses yeux, cachés par le rebord de son grand chapeau de paille.

— Pourquoi te les vendrais-je? demanda l'autre après un silence.

— Parce que j'en ai grand besoin.

— Moi aussi j'en ai besoin. Je m'amuse avec eux. Ils ne sont pas à vendre.Mais si tu me dis pourquoi tu en as besoin et que cela m'amuse, je t'en donnerai peut-être un.

Raymond raconta l'histoire du royaume triste, mais cela n'eut pas l'air d'amuser son auditeur qui le regardait fixement de ses yeux noirs. Pourtant quand Raymond en vint à sa rencontre avec Galipette, il eut l'air intéressé.

— Nous n'avons jamais essayé de manger la farine de ces haricots, mais cela vaut peut-être la peine de faire l'expérience. Si tu dis vrai, je t'en donnerai un.

Il appela sa femme qui était accroupie non loin de là et tapotait entre ses mains des boules de pâte pour en faire des tortillas, ces galettes de maïs dont les Mexicains sont friands.

— Lolita! Tiens, prends ces trois haricots, pile-les

bien et mêle-les à la pâte. Nous allons bien voir ce que cela donne.

Les gens du village, attirés par la présence de l'étranger, s'étaient rassemblés autour du groupe et écoutaient de toutes leurs oreilles.

Lolita eut tôt fait de piler les haricots et de les mêler à la pâte avec laquelle elle prépara une demi-douzaine de tortillas qu'elle mit à dorer sur une plaque de terre cuite au-dessus du feu. Les proportions n'étaient pas exactement celles qu'avait indiquées Galipette et il y avait beaucoup trop de haricots, mais après tout ce n'était qu'une expérience.

Quand les tortillas furent prêtes, l'homme les partagea en petits morceaux qu'il distribua aux assistants. Le résultat ne se fit pas attendre. A peine la première bouchée avalée, les pieds se mirent à remuer, les talons à claquer, les genoux à faire des entrechats. Un musicien arriva avec sa guitare et la danse commença. Elle dura des heures. Chacun à son tour inventait des pas et des figures, brodant à qui mieux mieux sur le thème endiablé joué par le musicien. Plusieurs danses nouvelles furent inventées ce jour-là, et la bamba, et la guaracha, et la raspa et le jarabe. C'est depuis ce temps d'ailleurs que les Mexicains sont les meilleurs danseurs du monde.

A la fin l'homme dit au prince Raymond :

— Chose promise, chose due. Je ne me suis jamais tant amusé. Voici un haricot danseur. Plante-le dans un pot, arrose-le régulièrement, prends-en grand soin et d'ici peu tu en auras toute une récolte. Bon voyage et bonne chance.

Comment le prince Raymond parvint à regagner l'Europe sans casser son pot, sans le renverser et sans jamais oublier d'arroser chaque jour la petite pousse verte qui ne tarda pas à pointer de terre, serait une trop longue histoire à raconter.

Tout au long du voyage la pousse devint une plante, elle se couvrit de feuilles, puis de fleurs et quand Raymond arriva aux frontières du royaume triste, elle portait une bonne douzaine de gousses charnues et lourdes où l'on devinait la forme des haricots. Ils ne dansaient pas encore, mais quand le vent soufflait, la tige de la plante semblait battre la mesure d'un mystérieux concert.

Dès qu'il arriva dans la capitale, Raymond s'en fut trouver l'aubergiste qui l'avait accueilli la première fois.

— Écoute-moi bien, dit-il. Tu vas prendre une de ces gousses et tu sèmeras les haricots qu'elle contient dans ton jardin. Les autres, tu les écosseras, tu pileras les haricots bien finement et tu prépareras des gâteaux exactement comme il est indiqué sur ce papier. N'oublie pas les proportions : un grain de farine de haricot pour une livre de pâte.

— Cela sera fait dans l'heure, monseigneur!

Là-dessus, Raymond se rendit au château.

— Eh bien, prince, lui dit le roi. Avez-vous trouvé un remède à notre tristesse? La princesse s'étiole de jour en jour et je crois que votre absence l'a rendue plus triste encore qu'auparavant.

— Sire, je crois que j'ai le remède. Puis-je demander à Votre Majesté d'organiser ce soir un grand bal à la cour?

— Ah bien merci! Pour que ce soit aussi sinistre que la dernière fois! Si vraiment vous n'avez rien trouvé de mieux, prince, ce n'était pas la peine de rester si longtemps en voyage!

— Que Votre Majesté me fasse confiance. Annoncez seulement qu'il y aura un buffet. J'apporterai moi-même la nourriture.

— Si vous y tenez, prince, je ne veux pas vous contrarier. Je vous attends donc ce soir pour le bal.

Tout commença aussi lugubrement que la première fois. La princesse n'avait consenti à paraître que parce qu'on lui avait dit que le prince Raymond était de retour et qu'il assisterait au bal. Elle prit un soin tout particulier à bassiner ses yeux rougis par les larmes et à passer du rose sur ses joues pâles.

L'orchestre déversait une musique funèbre sur l'assistance figée quand le prince fit son entrée, suivi de vingt-quatre laquais dont chacun portait un plateau chargé de petits gâteaux ronds et dorés à l'aspect fort appétissant.

Le prince s'inclina devant la princesse et, saisissant le plateau des mains d'un des laquais, le lui tendit pour qu'elle se serve. En même temps les autres laquais se répandaient dans la foule et distribuaient des gâteaux alentour.

Pendant un moment on n'entendit dans la salle que le croquement des dents, qui couvrait même le son de la musique. Puis la princesse soudain sourit et virevolta sur elle-même. Le prince la saisit à la taille et l'accompagna dans son mouvement. Le branle était donné. Partout des couples se formaient, tournaient, tournoyaient, sautaient, bondissaient, rebondissaient. Les musiciens, surpris, hésitèrent, firent quelques fausses notes, puis prirent la cadence. Les gens de la ville, étonnés, entendirent sortir des fenêtres du château une musique si entraînante que, tout tristes qu'ils fussent, ils ne pouvaient s'empêcher de marquer la mesure.

Le roi, qui avait mangé plusieurs gâteaux, gambadait comme un beau diable parmi ses courtisans déchaînés. Et l'on riait et l'on chantait et l'on faisait mille folies. Maître Galipette n'avait pas menti : ses gâteaux étaient vraiment miraculeux.

Les haricots danseurs que l'aubergiste, selon les instructions du prince, avait semés dans son jardin donnèrent quelques semaines plus tard une petite récolte que l'on sema à son tour et bientôt il y eut partout dans le pays des champs de haricots danseurs. Tout le monde put se procurer des galipettes et en manger.

Mais bien avant cela, le prince Raymond avait épousé la princesse Cécile et jamais il n'y eut mariage plus joyeux ni plus animé. On dansa huit jours durant sur les places, dans les rues, dans les villages. Le royaume triste était devenu le royaume gai. Il le resta.

Et désormais quand d'aventure quelque habitant de ce pays sentait monter en lui un soupçon de tristesse, eh bien, il avait le remède sous la main : il faisait des galipettes.

5

Le guilledou

L'autre jour, quand une de mes petites-filles m'a demandé de lui dessiner un guilledou, j'ai été bien embarrassé. Mon idée première fut qu'un guilledou est une de ces choses dont on parle parfois, mais qu'on ne voit jamais. Ce pouvait être n'importe quoi en fait. Par exemple la bobine de bois sur laquelle les marins enroulent leurs cordages, ou bien une espèce de plante grimpante à fleurs mauves, ou bien encore un plat provençal à base de tomates, d'aubergines et d'herbes de printemps. Cela pouvait se plier, se casser, se manger, se mettre sur la tête ou se lancer à la figure.

— Pourquoi un guilledou? demandai-je.

— Parce que j'ai entendu la voisine dire que son fils passait son temps à courir le guilledou.

— Son fils Jean, celui qui ne va jamais à l'école?

— Elle dit que s'il ne va jamais à l'école, c'est justement parce qu'il court le guilledou.

— Je vois.

En réalité je ne voyais rien. On ne peut courir quelque chose que si cela se déplace. Il fallait donc admettre que le guilledou se déplaçait et se déplaçait vite puisqu'il fallait courir. Sur des roues? Sur des pattes?

— Écoute, dis-je, pour le moment je vais te dessiner une locomotive et puis j'essaierai de me renseigner pour savoir à quoi ressemble un guilledou.

Il me fallut du temps. Je consultai mes amis les plus savants et parcourus toutes sortes de livres d'histoire naturelle. C'est seulement après de longues recherches que je découvris dans une vieille chronique l'histoire du guilledou.

Le guilledou est un oiseau. C'est un vulgaire petit moineau des champs qu'on trouve du côté de la Saintonge. Mais c'est son histoire qui n'est pas ordinaire et c'est elle qui lui a valu sa réputation. Il faut dire que le guilledou est particulièrement malin et que peu d'oiseaux au monde lui en remontreraient en matière d'astuce et de roublardise.

Son affaire remonte à la guerre de Cent Ans, à l'époque où les Anglais et les Français se disputaient le pays. Chacun se tenait sur ses gardes, se méfiant des escarmouches et des embuscades de l'adversaire. On ne savait jamais exactement où étaient les uns et où étaient les autres.

Or un jour un détachement de soldats anglais occupa le village où le guilledou avait son nid dans un grand chêne. Le chêne était si grand qu'on pouvait y observer la contrée tout entière et notamment la lisière de la forêt proche. Aussi le capitaine anglais y installa une sentinelle chargée de surveiller la campagne environnante. C'était un gros lourdaud qui grimpa pesamment de branche en branche et vint s'asseoir tout juste sur le nid du guilledou, l'écrasant complètement.

Le guilledou était furieux. Il n'avait pas de préférence particulière pour les Anglais ou les Français, mais l'outrage lui parut intolérable et il résolut de ne pas le supporter.

Il tenta d'abord une attaque frontale, assaillant l'intrus à coups de bec et poussant de terribles piaillements. Mais l'Anglais se contentait de le chasser du revers de la main. D'ailleurs, protégé comme il l'était par son casque, il n'avait pas grand-chose à redouter du petit bec du guilledou. Cela le fatiguait bien un peu, mais au bout de deux heures on vint changer la sentinelle et tout fut à recommencer.

Le guilledou comprit alors qu'il lui faudrait faire usage de la ruse s'il voulait que les Anglais évacuent le village et le laissent enfin tranquille dans son arbre.

Il observa longuement la garnison. Elle n'était pas très nombreuse : une dizaine d'hommes tout au plus. Quand ils ne montaient pas la garde, ils dormaient affalés contre les murs à l'ombre des maisons.

Car il faut dire que c'était le plein été. La chaleur était très forte et les hommes d'armes en souffraient terriblement sous leurs justaucorps de cuir et leurs cuirasses qu'ils n'osaient pas ôter de peur que l'ennemi ne vînt les surprendre. Les soldats anglais étaient particulièrement disciplinés et n'avaient pas coutume d'enfreindre la consigne reçue.

Au plus chaud de la journée le guilledou vint se percher dans l'arbre tout près de la sentinelle et il se mit à chanter, imitant à merveille le bruissement léger d'un frais ruisseau courant sur les cailloux. Le soldat, qui avait affreusement soif, passa sa langue sur ses lèvres desséchées, rêvant de boire tout son soûl.

— Je sais où il y a à boire ! Je sais où il y a à boire ! chanta le guilledou en anglais, car il connaissait toutes les langues.

Le soldat écarquilla les yeux. Il n'avait jamais entendu un oiseau parler.

— A boire tant que tu voudras ! De la bière fraîche à pleins tonneaux ! continuait le guilledou.

— Où ça ? demanda l'Anglais d'une voix que la soif rendait rauque.

— De la bière fraîche à pleins tonneaux ! Tout près d'ici ! Tout près d'ici !

— Tout près d'ici ?

— Suis-moi ! Je vais t'y conduire ! Suis-moi ! Suis-moi ! Suis-moi !

— Mais je suis de service !

— Tout le monde dort. Personne ne s'en apercevra. De la bière fraîche tant que tu voudras ! Tout près d'ici ! Suis-moi ! Suis-moi !

L'Anglais hésita un moment, puis il céda à la tentation.

— Tout près d'ici, hein ?

— Suis-moi ! Suis-moi !

Le soldat se laissa glisser le long du tronc. Le guilledou prit le chemin de la forêt, voletant devant l'Anglais qui le suivait en trottinant.

— Suis-moi ! Suis-moi !

De sentiers en layons il le conduisit au cœur du bois, piaillant toujours :

— Suis-moi ! Suis-moi !

Mais sa voix paraissait maintenant venir de tous les côtés à la fois. En moins de temps qu'il n'en faut pour le dire l'Anglais se trouva perdu, courant en tous sens dans l'épaisse forêt à la poursuite du chant insaisissable.

Le guilledou était déjà revenu au village et tournait autour d'une nouvelle sentinelle.

— De la bière fraîche à pleins tonneaux ! Suismoi ! Suis-moi !

Il eut tôt fait de convaincre le malheureux assoiffé et un deuxième soldat se lança dans la forêt à sa suite. Le guilledou criait tant et si bien qu'on aurait dit qu'ils étaient une bonne centaine à répéter de toutes parts :

— Suis-moi! Suis-moi!

Quand il en eut fini avec les sentinelles, il s'attaqua à ceux qui dormaient et rêvaient eux aussi de bonne bière fraîche. Un à un tous les Anglais de la garnison prirent le chemin de la forêt.

— Suis-moi! Suis-moi!

Et ils suivaient tous dans toutes les directions à la fois, s'enfonçant toujours plus profond au cœur du taillis, ne songeant qu'à la soif qui les tenaillait et oublieux de cette discipline qui fait la force des armées.

Quand ils furent tous bien perdus, le guilledou rentra tranquillement au village et entreprit de réparer son nid. Il en eut fini quand le soir tomba et il s'installa pour dormir.

Or voilà que pendant la nuit des Français qui passaient par là et qui avaient entendu piailler dans la forêt tout l'après-midi, voulurent voir ce qui se passait dans le village. Ils envoyèrent une patrouille qui s'approcha prudemment et, à sa grande surprise, ne rencontra aucune sentinelle. Les soldats pénétrèrent alors en force dans le village et dans la plus grande maison découvrirent le capitaine anglais qui dormait paisiblement, sûr qu'il était d'être bien gardé par ses hommes. Naturellement ils le firent prisonnier.

Le malheureux n'en revenait pas.

— Comment est-il possible, demanda-t-il, que mes soldats aient déserté leur poste? Ils ont pourtant l'habitude de la discipline et savent ce qu'ils doivent faire. Où sont-ils donc passés?

Et les villageois qui avaient tout vu, tout entendu et tout compris, se mirent à rire et, lui montrant le grand chêne, lui répondirent :

— Ils sont partis courir le guilledou!

6

Le jeu de tire l'harigot

Depuis des mois la princesse Nathalie dépérissait. Le roi son père avait convoqué les médecins les plus savants du monde, mais ils y perdaient tous leur latin. La princesse était jeune, elle était belle et ne paraissait souffrir d'aucune maladie particulière. Simplement elle refusait de manger. Tous les mets qu'on lui présentait, disait-elle en soupirant, lui soulevaient le cœur. C'est tout juste si elle acceptait parfois de tremper ses lèvres dans le verre de lait que lui apportait sa vieille nourrice. Cela suffisait à peine à la maintenir en vie. De semaine en semaine elle devenait plus pâle, plus diaphane. On n'osait même plus la faire asseoir devant sa fenêtre de peur qu'un coup de vent ne l'emporte.

— C'est de l'*anorexia pertinax*, disaient les médecins en hochant leurs bonnets pointus, ce qui ne les avançait pas beaucoup puisque cela voulait tout bonnement dire qu'elle manquait d'appétit.

La vérité, c'est que la princesse Nathalie était *très* gourmande et *très* entêtée. Elle ne faisait pas le moindre petit effort pour manger ce qui lui aurait fait du bien. Elle ne savait pas de quoi elle avait envie, mais elle attendait qu'on le lui apporte sur un plateau. Pour rien au monde elle n'aurait suivi les conseils qu'on lui donnait.

— Mais le remède ? demandait le roi, éperdu.

— Sire, il faut laisser opérer la nature. Elle seule peut réveiller le goût endormi de la princesse. Sûrement vos cuisines royales, guidées par nos conseils, sauront inventer quelque préparation savante qui viendra à bout de cette inappétence opiniâtre.

On essaya tout : les foies de becfigues farcis aux cœurs d'hirondelles, les truites au vin de Tokay relevé aux épices d'Orient, les beignets de violette à la crème de lait d'ânesse. Chaque fois la princesse détournait la tête et disait d'une voix de plus en plus faible :

— Je n'ai pas faim.

On fit venir les plus célèbres maîtres queux du royaume. On en fit venir des royaumes voisins, de Paris, de Lyon, de Vienne et même de Constantinople. Ils n'eurent pas plus de succès.

On cherche quelquefois bien loin ce qu'on a sous

la main. Le roi ne savait pas que la plus extraordinaire cuisinière du siècle vivait dans un faubourg de sa capitale. Mais c'était un faubourg pauvre et mal famé, fréquenté par les mauvais garçons, les mendiants et les rouliers. En eût-il même entendu parler qu'il n'eût jamais songé un instant à chercher là une nourriture digne de la princesse sa fille.

Pourtant si quelqu'un avait pu le tirer de son embarras, c'était bien Dame Sophie, la tenancière de l'Auberge de la Vache Enragée. Dame Sophie avait une spécialité : le harigot de mouton.

Le harigot de mouton est un plat rustique mais délectable. Vous faites bouillir une livre d'épaule de mouton avec quelques abats, le tout découpé en petits dés. Vous faites revenir dans un peu de graisse de porc quatre gros oignons taillés en tranches fines, quelques poireaux et quelques cardons coupés en morceaux, un bol de petits pois nouveaux et un bol de fèves fraîches. Vous ajoutez la viande au légume avec son eau de cuisson en y mettant un bouquet garni : sariette, thym, romarin, sauge, laurier et quatre bonnes gousses d'ail. Vous liez à la farine, salez, poivrez et laissez mijoter pendant deux bonnes heures.

C'est aussi très bon avec des haricots et des pommes de terre, mais à l'époque où se passe cette histoire Christophe Colomb n'avait pas encore découvert l'Amérique, et c'est d'Amérique que nous sont venus ces deux légumes. Quant à poivrer, Dame Sophie ne pouvait guère y songer, car le poivre était alors le privilège des riches. En guise d'épices elle se servait de graines dont elle avait le secret.

Car Dame Sophie possédait ses secrets. Son harigot de tous les jours était délicieux, mais ce n'était rien à côté de celui qu'elle préparait tous les ans pour le dimanche de Pâques. Personne n'a jamais su ce qu'elle y mettait pour lui donner cette saveur incomparable, ce velouté digne des ragoûts les plus savants. Manants et traîne-misère venaient ce jour-là de vingt lieues à la ronde dans l'espoir d'en manger. Mais c'était un plat cher et Dame Sophie n'en préparait tous les ans qu'une seule marmite.

La loi de la Vache Enragée était inexorable. L'unique marmite revenait au gagnant d'un jeu dont Dame Sophie avait elle-même fixé les règles. Il pouvait soit déguster seul, soit partager avec ses amis le merveilleux régal qu'elle contenait. Le jeu était un jeu à la fois d'adresse et d'audace. Debout en équilibre sur une haute branche du gros chêne qui se dressait devant l'auberge, chaque concurrent devait tenter d'atteindre à la fronde douze coquilles d'œufs placées en rang sur la crête d'un mur à quinze pas du tronc de l'arbre. Plus on avançait sur la branche, plus sûr était le tir, mais plus précaire l'équilibre. Le lancer à la fronde exige des gestes brusques et la plupart des tireurs perdaient pied avant même d'avoir pu toucher un œuf. On ne comptait plus les éclopés au moment de se mettre à table.

Pourtant les concurrents ne manquaient pas et le

jeu était le plus populaire de toute la région. On l'appelait le jeu de tire l'harigot.

Parmi les spectateurs passionnés du tire l'harigot, Petit Pierre, le jeune gâte-sauce de Dame Sophie n'était pas le moins enthousiaste. Il connaissait toutes les subtilités du jeu et les mérites de chacun des concurrents. Comme il n'avait que douze ans, il ne pouvait prétendre participer au concours, mais il se promettait bien, quand il serait grand, de goûter du fameux ragoût dont il n'avait jusque-là que humé le parfum sur le coin de l'âtre.

Cette année-là, quelque temps avant Pâques, le roi fit proclamer qu'il donnerait sa fille en mariage à qui lui apporterait un plat qu'elle acceptât de manger. Il y eut une foule de candidats, mais chaque fois qu'un d'entre eux se présentait, accompagné de ses glaciers, pâtissiers, sauciers et rôtisseurs, c'est à peine si la princesse accordait un regard au prétendant et à sa cuisine.

— Je n'ai pas faim, murmurait-elle en détournant la tête.

Le dernier à se présenter fut le prince Nestor. C'était un tout petit prince sans le sou qui venait d'un pays lointain. Il n'apportait pour toute pitance que quelques fromages fabriqués par les bergers de chez lui. C'étaient d'excellents fromages, légers et parfumés comme les herbes de la montagne. Mais Nestor ne se faisait guère d'illusions. Si la princesse avait refusé tant de mets raffinés et délicats, quelles chances y avait-il qu'elle voulût goûter cette fruste et simple chère?

Pourtant il avait décidé de tenter sa chance car, à la différence des autres prétendants qui ne songeaient qu'à la richesse et à la puissance, il était secrètement amoureux de la princesse Nathalie dont il avait vu le portrait dans le modeste chateau de son père.

C'était la veille de Pâques et Nestor devait se présenter à la princesse le lendemain à l'heure du dîner. Ne sachant trop où il passerait la nuit, il errait par la ville, portant ses fromages avec lui dans un mouchoir blanc bien propre et soigneusement noué. Il soupirait en songeant à l'inaccessible princesse et, tout en cheminant, ne prenait guère garde aux lieux où le menaient ses pas.

Il arriva dans un quartier de petites ruelles sombres et malpropres où il eût tôt fait de s'égarer. Il poursuivait pourtant son chemin, l'esprit perdu dans ses pensées quand soudain des cris et des jurons le tirèrent de sa rêverie. Il pressa le pas et, gagnant le coin de la rue, vit quatre malandrins qui brutalisaient un jeune garçon d'une douzaine d'années. Nestor n'était ni bien gros, ni bien vigoureux, mais c'était un prince. Il se devait de courir au secours du plus faible. C'est ce qu'il fit sans hésiter.

Hélas! le plus beau courage du monde ne peut pas grand-chose contre la force. Non seulement les quatre malandrins rouèrent Nestor de coups, mais ils lui volèrent ses fromages et s'en furent en riant. Tout perclus et courbatu, le malheureux prince se retrouva sur le pavé à côté du jeune garçon.

— Ouf! dit ce dernier en se frottant les côtes, merci tout de même. Heureusement que nous avons été deux à partager la dégelée. Ils auraient pu vous tuer.

— Plût au Ciel qu'ils l'aient fait, soupira Nestor. Ils ont emporté mon dernier espoir.

— Qu'y avait-il donc de si précieux dans votre balluchon?

— Des fromages pour la princesse Nathalie.

D'une voix entrecoupée de soupirs et de sanglots, Nestor raconta son histoire. Le jeune garçon se leva et se gratta la tête.

— Écoutez, dit-il, je m'appelle Petit Pierre et je suis le gâte-sauce de Dame Sophie, l'aubergiste. J'ai ma petite idée et je suis sûr qu'elle pourra faire quelque chose pour vous. Venez avec moi.

C'est ainsi que Nestor arriva à l'Auberge de la Vache Enragée. Dame Sophie était en pleins préparatifs pour le lendemain et ce ne fut qu'au bout d'un temps assez long qu'elle daigna s'occuper de son visiteur. C'était un petit bout de femme tout rond, avec des yeux brillants et perçants comme des émeraudes. Derechef Nestor raconta son histoire.

Quand il fut question de la princesse, les yeux de Dame Sophie s'adoucirent.

— Je vois, dit-elle, mais laisse-moi te dire une

chose, mon prince. Ta princesse Nathalie ne ferait pas tant sa mijaurée pour manger si on lui donnait de la cuisine de Dame Sophie. Seulement, voilà, c'est de la cuisine de pauvres. Je vois bien que tu n'es pas riche, mais tu es prince. Eh bien, tout prince que tu es, je suis sûre que tu n'as jamais rien mangé d'aussi bon que mon harigot. Assieds-toi, je vais t'en servir une portion. Tu verras, ça te remettra sur pied.

Par politesse Nestor ne se fit pas prier bien qu'il n'eût guère faim. Il eut peine à porter la première cuillerée à sa bouche, mais à peine l'eut-il avalée qu'il en prit une deuxième, puis une troisième et vida le plat en quelques minutes. Jamais il ne s'était senti aussi gaillard.

— C'est un miracle, dit-il. Quel est le secret de cette admirable nourriture ?

— Ce n'est encore rien, mon prince, dit Dame Sophie. Tu n'as pas goûté de mon harigot spécial, celui du dimanche de Pâques. Celui-là réveillerait un mort.

— Je suis sûr qu'il donnerait de l'appétit à la princesse. Bonne dame, donnez-m'en seulement une écuelle. Je la porterai demain au palais.

— Tout beau, tout beau, mon prince. Tu ne connais pas la loi de la Vache Enragée. On n'a rien pour rien. N'emporte la marmite que celui qui gagne au jeu de tire l'harigot. C'est un vœu que j'ai fait jadis à la Sainte Vierge. Malgré toute la sympathie que j'ai pour toi et pour la princesse, je ne puis le rompre.

Mets-toi sur les rangs demain. Je te promets de brûler un cierge pour que tu gagnes. C'est tout ce que je puis faire.

— Je me mettrai sur les rangs et je gagnerai, bonne dame.

— Que le Ciel t'entende. As-tu seulement un endroit où coucher ? Ma soupente est libre. Tu peux t'y installer. Petit Pierre te montrera le chemin. Tâche de te reposer. Demain tu auras besoin d'être frais et dispos pour le concours.

Mais au lieu de dormir Nestor passa une grande partie de la nuit à s'exercer à la fronde dans la cour de l'auberge sous la direction de Petit Pierre. On enseigne aux jeunes princes à tenir la lance, à brandir l'épée, à bander l'arc, mais le tir à la fronde ne fait pas partie de leurs études. La fronde est une arme de manants, terriblement dangereuse, certes, mais qui manque de distinction. C'est ausi une arme très difficile à manier. Il faut que le caillou parte bien droit et bien raide juste au bon moment.

Heureusement Nestor était adroit. Dès le troisième essai il abattait une coquille sur quatre.

— Pas mal, dit Petit Pierre, mais vous êtes encore loin de compte. Je connais une bonne douzaine de garçons qui abattent leurs six coquilles sur douze sans même y songer. J'en connais un qui en a abattu huit. On n'a jamais fait mieux, mais il sera là demain. Vous voyez que vous avez encore des progrès à faire.

Nestor se remit à la tâche avec acharnement. Deux heures plus tard il abattait une coquille sur deux. Une fois il réussit même à en abattre sept sur douze.

— Avec le poignet ! avec le poignet ! criait Petit Pierre. Demain vous serez sur une branche branlante. Si vous lancez votre caillou avec un mouvement de tout le corps, vous ne pourrez pas vous tenir en équilibre !

Nestor refusa d'aller se coucher avant qu'il eût réussi à toucher huit coquilles. Mais il ne se cachait pas qu'il avait réussi cet exploit sur la terre ferme. Ce serait bien autre chose le lendemain quand il serait dans l'arbre.

Il dormit bien malgré ses soucis, tant il était fatigué. Quand il se leva, la cour était pleine d'une foule joyeuse, venue assister au concours. Petit Pierre avait fort à faire à la cuisine. Pourtant il se glissa près de Nestor et lui montra un grand diable qui buvait sec à une table.

— C'est lui le plus fort à la fronde. Voilà trois ans qu'il gagne régulièrement la marmite. C'est lui que vous devez redouter le plus. Vous le reconnaîtrez d'ailleurs.

C'était un des quatre malandrins qui l'avaient rossé la veille. Sans cesser de boire, il adressa un salut ironique à Nestor.

Les épreuves devaient commencer dès que les cloches annonceraient la fin de la grand-messe à la cathédrale. Nestor alla faire ses dévotions dans une chapelle du voisinage, celle-là même où Dame Sophie avait fait brûler un cierge à son intention. Quand il revint, les premiers concurrents se présentaient.

— Tire l'harigot ! tire l'harigot ! criait la foule.

Dame Sophie présidait aux préparatifs.

— En tant que nouveau venu dans notre jeu, dit-elle à Nestor, tu passeras le dernier. Ainsi au moins sauras-tu quel exploit il te faut surpasser.

Enfin les cloches sonnèrent et le concours commença. La plupart des concurrents dégringolèrent de l'arbre avant d'avoir pu seulement toucher un œuf. Mais cela ne décourageait pas les autres. Le parfum du merveilleux harigot qui mitonnait sur l'âtre, s'échappait par la porte entrouverte de l'auberge, toujours plus fort, toujours plus capiteux.

Quinze concurrents abattirent six œufs, mais seulement deux en abattirent sept. L'après-midi s'avançait et Nestor voyait approcher l'heure à laquelle il lui faudrait se présenter devant la princesse Nathalie.

L'avant-dernier concurrent était le grand diable que Petit Pierre lui avait montré. Il grimpa dans l'arbre à gestes puissants et se campa fièrement sur la branche qui ploya sous son poids. Il toucha sept œufs à la file puis il en manqua un, puis il toucha le suivant.

La foule hurlait de joie. Gêné sans doute par les cris, l'homme manqua deux coups. Pour le dernier il prit son temps, soupesa longuement son caillou, fit tournoyer un bon moment la fronde et lâcha le projectile d'un geste sec. Le neuvième œuf disparut.

Ce fut une immense ovation.

— Neuf œufs! Neuf œufs! Tire l'harigot! A toi la marmite! Tire l'harigot!

Au milieu de ce vacarme c'est tout juste si l'on prêta attention à Nestor qui grimpait à son tour dans l'arbre. Sur le conseil de Petit Pierre il avait décidé de s'avancer le plus loin possible sur la branche afin de compenser grâce à sa légèreté ce que sa technique du tir à la fronde avait d'imparfait. Il alla aussi loin qu'il osa et se dressa lentement, sentant sous ses pieds le rameau flexible qui remuait au moindre mouvement. Il tira ses six premiers coups à la file, très vite, et chaque fois un œuf tomba.

Les spectateurs avaient cessé leurs cris et levaient vers lui des yeux intéressés. Une légère brise se leva et balança la branche. Nestor faillit perdre l'équilibre. Il manqua son septième et son huitième coup. Péniblement il essaya de reprendre ses esprits. Il ne fallait plus qu'il perde maintenant s'il voulait surpasser son rival. En cas d'égalité il faudrait tout recommencer et il ne s'en sentait pas le courage. Il respira profondément, comme le lui avait conseillé Petit Pierre, compta posément jusqu'à dix et reprit son tir. Trois œufs tombèrent coup sur coup.

Un murmure d'étonnement parcourut l'assistance. L'exploit du champion était égalé. Tous les visages levés attendaient le dernier caillou dans un silence quasi religieux. Nestor n'en menait pas large. Son bras soudain se faisait lourd, ses jambes molles, sa tête vide. Il regarda avec désespoir la distance qui le séparait du but. Jamais il n'y arriverait.

C'est alors que Dame Sophie parut sur le seuil de la porte, tenant à bout de bras une marmite fumante. Elle la posa sur le sol et en ôta le couvercle. L'incomparable fumet se répandit dans l'air, montant jusqu'à Nestor qui, le humant, sentit monter en lui une nouvelle audace.

Puisque le but lui paraissait trop lointain, il s'approcherait du but. Léger comme un oiseau, il s'élança en courant sur la branche tout en faisant tournoyer sa fronde. Il n'était plus qu'à quelques toises du mur quand il sentit les derniers rameaux céder sous ses pieds. Alors il lâcha son coup. Le dixième œuf disparut.

Il se laissa tomber souplement à terre et fut aussitôt entouré par une cohue enthousiaste et hurlante qui voulait le porter en triomphe. Mais, dominant les acclamations, on entendit alors sonner les cloches de la cathédrale, qui annonçaient la fin des vêpres. Il n'était que temps de se rendre auprès de la princesse.

— Au palais! Il faut que j'aille au palais! cria Nestor.

— Au palais! au palais! tire l'harigot! répondit la foule.

Et le plus extraordinaire des cortèges se mit en

route. En tête marchait Petit Pierre, portant la marmite fumante. Puis venait Nestor sur les épaules de ses admirateurs. Ensuite s'étendaient à perte de vue les rangs serrés de tous les manants qui fréquentaient l'Auberge de la Vache Enragée.

Devant le palais, Nestor mit pied à terre, prit la marmite des mains de Petit Pierre et s'avança vers le pont-levis. Les gardes levèrent leurs hallebardes et les portes s'ouvrirent.

Nestor était encore tout essoufflé, tout ébouriffé et il n'avait pas eu le temps de mettre de l'ordre dans sa toilette. En le voyant arriver tout seul, sans escorte, avec sa marmite grossière et ses vêtements en désordre, le Grand Chambellan haussa quelque peu les sourcils. Mais enfin c'était un prince et on le conduisit vers les appartements de la princesse.

Nathalie était asssise devant une table basse, l'air dolent comme à l'accoutumée. Son père et sa mère se tenaient près d'elle. Nestor s'inclina profondément avant de lever les yeux sur la princesse. Et alors il fut tant ému qu'il en faillit lâcher sa marmite. Elle était plus belle encore qu'il ne l'imaginait. Cependant elle gardait les yeux baissés, comme indifférente à ce qui l'entourait.

— Prince, dit le roi, je souhaite de tout cœur que vous parveniez à éveiller l'appétit de ma fille. Sans plus tarder montrez-nous ce que vous lui avez apporté.

Nestor s'inclina et souleva le couvercle. Aussitôt ce

fut comme un coup de baguette magique. Nathalie leva les yeux et considéra le prince, puis la marmite. Le parfum du harigot se répandait dans la pièce, ensorcelant, enivrant. Tous les assistants sentaient l'eau qui leur montait à la bouche. Nathalie se pencha vers le ragoût et en huma la vapeur. Ses joues s'étaient colorées de rose.

On lui en servit dans une assiette et pour la première fois depuis bien longtemps, elle porta une cuillerée à sa bouche. Elle en porta une deuxième, une troisième et bientôt l'assiette fut vide. Nathalie fit signe qu'on la resservît.

La reine était tombée à genoux et remerciait le Ciel.

— Béni soyez-vous, mon gendre, dit le roi. Vous avez sauvé ma fille. Il faut annoncer la nouvelle au peuple.

Il conduisit Nestor vers la grande fenêtre et, du haut du balcon, fit savoir d'une voix forte que la princesse Nathalie avait mangé et que le prince Nestor serait son mari.

Une acclamation jaillit, qui monta jusqu'au ciel.

— Noël! noël! tire l'harigot! tire l'harigot! criait la foule.

Pendant ce temps Nathalie continuait à manger. Les médecins essayaient de l'arrêter, estimant qu'une première fois il ne fallait pas abuser de la nourriture. Mais elle n'écoutait rien. Le nez dans son assiette elle avalait cuillerée après cuillerée du précieux ragoût. Elle continua ainsi jusqu'à vider la marmite.

Naturellement elle fut malade. Mais à cet âge on guérit vite. A quelque temps de là furent célébrées ses noces avec le prince Nestor. Ce fut dans tout le pays une immense fête. Pendant quinze jours on but et on mangea, comme disaient les gens, à tire l'harigot.

Petit Pierre fut nommé Premier Gâte-Sauce des cuisines royales, mais Dame Sophie refusa d'y prendre la place d'honneur qu'on lui proposait. Elle préféra rester parmi ses mauvais garçons, ses manants et ses gueux, mais au-dessus de l'enseigne de l'Auberge de la Vache Enragée, elle fit inscrire *Fournisseur de la famille royale*. Désormais tous les dimanches de Pâques un messager spécial apporta au palais une marmite fumante.

Quant à Nestor et à Nathalie, ils vécurent longtemps, furent heureux et eurent des enfants. comme on dit maintenant, à tire-larigot.

7

Les bouts rimés
du baron de l'Enclume

J'avais fait un bon repas dans une auberge près de Saumur et le vin me chauffait les oreilles tandis que je suivais l'allée cavalière qui mène au château de l'Enclume, entre Chinon et Azay-le-Rideau. Un joli soleil d'hiver, piquant et malicieux, s'amusait avec des enfants sur la pelouse vert tendre où le château était posé comme un jouet de pierre blanche.

Un gardien ratatiné m'accueillit en haut du perron.

« Vous venez visiter le château, monsieur? me dit-il. Nous n'avons guère de visiteurs à l'Enclume depuis que le dernier baron est mort...

— Quand est-il mort? demandai-je poliment.

— En 1745, monsieur, à la bataille de Fontenoy... »

Il s'effaça pour me laisser entrer tout en continuant son discours.

« C'est un bel édifice, monsieur. Il est petit, je vous l'accorde, mais il est très pur de style. C'est le baron Louis de l'Enclume qui l'a fait construire en 1555, l'année où monsieur Pierre de Ronsard a écrit son fameux poème : « Mignonne, allons voir si la rose... » C'est même ici qu'il l'a écrit. M. Pierre de Ronsard était un grand ami du baron. »

Dans le vestibule où des amours de marbre jouaient parmi les feuilles d'acanthe des chapiteaux, il s'arrêta devant le portrait d'un homme mince aux cheveux grisonnants dont les yeux pâles avaient d'étranges reflets lumineux, comme un ciel de printemps après une giboulée.

« C'est le baron Louis, monsieur, par François Clouet... Le portrait date de 1570... après le... le malheur de monsieur le baron.

— Le malheur ? »

Discrètement, le vieux gardien se toucha la tempe.

« Oui, monsieur. Dans ses dernières années, M. le baron était un peu bizarre. L'arrière-grand-père de mon arrière-grand-père tenait de son arrière-grand-père que M. le baron avait eu un grand chagrin quelques années après avoir fait construire le château et que, depuis ce temps, il n'était plus le même... Si vous voulez bien me suivre... »

Il me conduisit vers le fond du vestibule et poussa une porte.

« Voici le grand salon, monsieur. C'est tout ce qui vaut la peine d'être vu au château, à part la tour d'angle de l'aile sud que vous avez dû remarquer en venant. Le plafond représente le mariage d'Héra et de Jupiter. Tout le mobilier est d'époque. Le secrétaire, près de la baie, est celui où, dit-on, M. Pierre de Ronsard a écrit son poème... »

Impressionné, je regardai le petit meuble de merisier fauve, si frêle pour porter tant de gloire. Par la baie entrouverte, le soleil, échappant à la ronde enfantine de la pelouse, venait éveiller sur ses panneaux des blondeurs de miel.

« Vous aimeriez peut-être visiter le salon tranquillement, monsieur, il faut que j'aille donner la pâtée à mes poules. Je reviens dans un quart d'heure. Mettez-vous à l'aise, mais si vous désirez vous asseoir, faites attention aux chaises. Il vaut mieux que vous preniez le fauteuil Henri II. C'est le plus solide. »

Resté seul, je m'approchai du secrétaire et passai dévotement la main sur ses moulures patinées. Tout à coup, mon doigt ayant heurté un fleuron, il y eut comme un déclic et une petite porte, dissimulée dans l'épaisseur d'un panneau, s'ouvrit en grinçant.

Sous une fine couche de cette poussière d'âge que seuls les siècles savent accumuler, un portefeuille en maroquin rouge reposait dans la pénombre. Je tendis vers lui une main hésitante, puis, le cœur battant, je le saisis avec le geste brusque d'un voleur honteux.

Assis dans le fauteuil Henri II, près de la baie, la tête à la lumière et les pieds au soleil, j'examinai mon butin. Ses dorures étaient à peine ternies. On voyait dans un coin un L couronné et dans un autre ce que je supposai être les armes des châtelains : un Vulcain demi-nu frappant une enclume.

Longtemps, je regardai le mystérieux objet, n'osant l'ouvrir. Quels secrets allaient-ils me révéler ? Quel message m'apporterait-il à travers les siècles ? D'un doigt tremblant je fis jouer le fermoir, et le portefeuille s'ouvrit, exhalant un précieux parfum de cuir antique.

Il ne contenait rien qu'un fragment de papier déchiqueté où apparaissaient encore faiblement des traces d'encre pâlie. En vain j'examinai cet étrange document à la lumière. Le contour flou des mots se brouillait devant mes yeux. Cependant, leur disposition régulière, le retour périodique d'un jambage que je supposai être un *n* me donnaient une impression de familiarité.

Et soudain, je compris. C'étaient des rimes, les rimes d'un poème disparu, emporté avec le reste de la feuille et dont il ne subsistait que cette frange effacée.

Pensif, je m'adossai au fauteuil Henri II, comme ébloui par ma découverte. Il me sembla que le soleil se faisait plus chaud et que la chanson du vin dans mes oreilles montait d'un ton. Un rire d'enfant perla jusqu'à moi par la baie.

« Si seulement tu pouvais me raconter ton histoire », dis-je au papier d'une voix de rêve.

Et, très gentiment, le papier me raconta son histoire.

La voici.

Devant le secrétaire, de quatre cents ans plus jeune, le baron Louis de l'Enclume était assis. C'était le même soleil d'hiver et les mêmes cris d'enfants sur la pelouse. Comme aujourd'hui, la baie était entrouverte sur un après-midi tourangeau.

Le baron Louis était heureux. Une de ses ambitions allait se réaliser. Pierre de Ronsard ne lui avait-il pas dit la veille que s'il pouvait écrire ne fût-ce qu'un poème digne des grandes traditions classiques, la Pléiade l'admettrait comme le huitième de ses membres, lui conférant ainsi l'immortalité qui est la seule récompense à quoi une âme bien née aspire ?

Or ce poème, le baron Louis le tenait entre ses doigts, sur cette mince feuille de papier. Il venait de l'écrire. Était-ce le soleil, la douceur frisquette de l'air, le vin de Saumur dont il avait arrosé son repas ? Peu importe. La Muse était venue, et avec elle, l'inspiration. Le baron relut son poème :

VERSETS A LA CRUELLE HÉRA

Ah que j'aime à chanter et ces bois et ces champs
Que j'allais, hier encor, de ma Muse illustrant !
Mais hélas aujourd'hui mon chagrin est trop grand.
Pour la cruelle Héra depuis qu'Éros me pique,
A la voix de mon luth nul Écho ne réplique,
Car en mon cœur navré l'amour encor est grand.
O rival trop heureux, dans ton champ qui laboures,
Si tu savais bien voir le bonheur qui t'entoure,
Puisque sous l'olivier la blonde Héra t'attend !
Ah que j'aime à chanter et ces bois et ces champs
Que j'allais, hier encor, de ma Muse illustrant !
Mais hélas aujourd'hui mon chagrin est trop grand.

Parfait. Sublime. A l'auteur d'un pareil poème tous les espoirs de gloire étaient permis. Dans quatre, cinq, dix siècles, une postérité reconnaissante réciterait avec ferveur les vers du baron de l'Enclume. Une vague d'allégresse monta en lui. Posant sa main sur sa poitrine fluette, il retint les battements de son cœur et se leva, les jambes molles. Près de la baie, il dut s'appuyer au mur, le front sur le bras et les yeux clos.

Il resta ainsi longtemps, plongé dans un rêve où il voyait les neuf Muses le couronner de laurier tandis que la Renommée attaquait pour lui sur sa trompette la plus éclatante des fanfares.

Or, tandis qu'il rêvait, une chevrette échappée à la ferme voisine traversa lentement la pelouse et vint passer son nez par la baie entrouverte. Sur le secrétaire étincelait au soleil le papier où le baron venait d'écrire son immortel poème. Les chèvres, on le sait, adorent le papier, surtout quand il fleure bon l'encre fraîche. Celle-là était une fine gueule et la friandise lui fit venir l'eau à la bouche. Elle tendit le cou, allongea les dents et, crac ! arracha les trois quarts du papier qu'elle froissa délicatement sur sa langue gourmande. Il avait goût de noisette.

Elle aurait bien voulu manger aussi le reste du papier, mais il était trop loin, hors de portée de ses dents, bien qu'elle tendît le cou à s'en faire mourir. Dépitée, elle recula silencieusement et repartit au petit trot sur la pelouse.

Quand, un instant plus tard, le baron de l'Enclume s'éveilla de sa songerie, il découvrit le désastre. Comme par sortilège la plus grande partie de son poème avait disparu. Il n'en subsistait que des bouts rimés incohérents... amps... boures... strant...

Atterré, il n'en crut d'abord pas ses yeux. Rapidement, il examina les abords : nulle trace du papier. Il ouvrit les tiroirs du secrétaire, souleva les tapis, puis courut jusqu'à la baie, mais la chèvre avait disparu depuis longtemps. Il revint vers la table de travail et saisit le papier aux rimes. Peut-être n'était-il pas trop tard encore pour retrouver dans sa mémoire le souvenir du poème disparu. Il s'assit, prit une feuille blanche et se mit à examiner les rimes une à une pour leur arracher le secret de leur origine.

Amps... strant!... grand... pique... éplique... encor est grand... boures... entoure... Héra t'attend!... amps... strant! grand... Rien. Les syllabes sonores lui paraissaient mystérieuses, hostiles dans leur incohérence. Il se prit la tête à deux mains. Amps... strant... grand... La Muse restait muette. L'inspiration s'était enfuie. Amps... strant... grand... De grosses larmes coulèrent le long de ses joues. Adieu laurier, adieu trompette de la Renommée, adieu rêves de gloire. Demain, Pierre de Ronsard secouerait sceptiquement la tête quand il lui raconterait l'histoire du poème. Jamais il ne serait le huitième membre de la Pléiade. Il se mit à sangloter, affalé sur le petit secrétaire aux reflets de miel.

C'est dans cette posture que sa nièce Viviane le trouva quand elle revint de jouer sur la pelouse avec ses amis.

« Pourquoi pleures-tu, oncle Louis ? » lui dit-elle en lui donnant un baiser sur le bout de l'oreille, car elle l'aimait bien.

Le baron leva vers elle son pauvre visage tout enlaidi de pleurs et lui raconta sa mésaventure.

« Mais il n'est peut-être pas perdu, ton poème », dit Viviane, qui, bien qu'elle n'eût que dix ans, était déjà une maîtresse femme.

Elle réfléchit un instant.

« Le tout est de chercher avec méthode. Écoute,

je vais appeler mes amis et, à nous tous, je serais bien surprise si nous n'arrivions pas à te tirer d'affaire. »

Quand les enfants furent tous réunis, Viviane prit en main la direction de l'enquête.

« Voyons, d'abord, oncle Louis, veux-tu nous dire ce qui reste de ton poème, afin qu'il n'y ait pas d'erreur.

— Amps, strant, grand, récita le baron, pique, encore est grand, boures, entoure, Héra t'attend, amps, strant, grand...

— Bon, maintenant montre-nous où tu te trouvais au moment où le poème a disparu. »

Docile, le baron alla s'appuyer au mur, le front sur le bras et les yeux clos.

« Parfait! s'écria Viviane. Ne bouge plus jusqu'à ce que je te le dise. Nous allons chercher toutes les cachettes possibles, et toi, quand tu ouvriras les yeux, tu essaieras de nous y découvrir. Ainsi nous pourrons être sûrs que le salon a été exploré dans ses moindres recoins. »

Le baron garda les yeux fermés et ne se retourna pas avant d'avoir entendu la voix de Viviane crier « Coucou! ». Du premier coup d'œil il aperçut deux enfants cachés derrière le fauteuil Henri II. Mais, un, qui était derrière la tenture de la fenêtre, lui échappa. Piqué au jeu, il se mit en chasse et découvrit les autres en moins de dix minutes. Mais le poème restait introuvable.

« Ça ne fait rien, déclara Viviane, il ne faut pas se décourager. Nous recommencerons demain. D'accord ?

— D'accord ! d'accord ! crièrent tous les enfants.

— D'accord », murmura le baron, qui, dans l'animation de la recherche, avait presque oublié son chagrin.

Le lendemain, la cérémonie se répéta. Ce fut Viviane, cette fois, qui récita les rimes du poème perdu pour que tout le monde les ait bien en mémoire : amps, strant, grand... Puis le baron de l'Enclume s'en fut contre le mur.

La chasse dura plus longtemps que la veille car les enfants avaient imaginé des cachettes plus ingénieuses. Il fallut une demi-heure au baron pour les retrouver tous. Riant encore, il s'épongea le front et dit à Viviane :

« C'est un joli jeu que tu as inventé là. Il faudra y jouer encore demain. » Sa pauvre tête n'avait jamais été bien solide, mais la perte de son poème l'avait complètement fêlée. Il ne savait même plus comment le jeu avait commencé, ni pourquoi. Le voyant heureux, Viviane se garda bien de le lui dire.

Ils y jouèrent le lendemain et les jours suivants jusqu'à ce que Viviane eût passé l'âge de jouer — et alors, le baron enseigna le jeu aux enfants de Viviane.

Les règles n'avaient pas changé depuis le premier jour. L'un des participants récitait d'abord gravement la litanie des rimes : amps, strant, grand..., puis, le baron allait au mur, les yeux fermés, pendant que les autres cherchaient des cachettes.

Les enfants aimaient tant ce jeu qu'il franchit vite les grilles du château, et dans toute la Touraine, dans toute la France, il devint populaire. Il n'y avait pas de village où l'on ne vît des enfants, après l'école, réciter : amps, strant, grand... Les mots s'étaient déformés à force de passer de bouche en bouche, mais on les reconnaissait encore. Comme chacun voulait à son tour jouer le rôle du baron de l'Enclume, il fut décidé qu'on tirerait au sort.

Le récitant faisait mettre les joueurs en rond et les désignait un par un du doigt au rythme de sa cantilène. Celui qu'il montrait en prononçant le dernier grand était le baron, et les autres s'enfuyaient en criant : « C'est toi l'Enclume ! C'est toi l'Enclume ! »

« Avez-vous terminé, monsieur ? »

Je m'éveillai en sursaut. Le gardien ratatiné me regardait curieusement.

« Euh... oui, lui dis-je, tenez, j'ai trouvé ceci... »

Je voulus lui tendre le portefeuille en maroquin rouge. Mais il n'y avait rien dans mes mains, ni rien sur mes genoux. Je regardai le secrétaire. La petite porte secrète avait disparu.

Tout le reste était normal. Par la baie où le soleil déclinant commençait à rougeoyer, je distinguais la pelouse. Et soudain des voix d'enfants me parvinrent, comme jaillies de mon rêve : « Am stram gram, pic et pic et colégram, bourre et bourre et ratatam, am stram gram... C'est toi qui clumes! C'est toi qui clumes[1]! »

Je suivis le gardien dans le vestibule. Tandis qu'il s'affairait pour m'ouvrir la porte, je me tournai vers le portrait accroché au mur :

« Sois tranquille pour ton immortalité, lui dis-je à mi-voix, aucun poète n'a plus de gloire que toi, car tant qu'il y aura des enfants pour jouer à cache-cache, on récitera tes vers, ou du moins ce qu'il en reste... »

Et je ne sais si c'est une dernière vapeur de Saumur qui dansait devant mes yeux, mais il me sembla que le portrait me répondait par un clin d'œil.

1. Au nord de la Loire, on dit : « C'est toi qui t'y colles! » mais le château de l'Enclume est juste au sud de la Loire!

8

La poudre du Père Limpinpin

Je n'aime pas mon nouveau dictionnaire. Tout à l'heure, j'y ai lu ceci : *Poudre de perlimpinpin,* remède de charlatan. D'abord, il est tout à fait ridicule d'écrire poudre de perlimpinpin alors que c'est, en réalité, la poudre du Père Limpinpin. Ensuite, le Père Limpinpin n'était pas un charlatan, bien au contraire. Seulement, voilà, il n'a pas eu de chance. Si ce n'avait été de cet imbécile de sergent bavarois, il serait maintenant aussi célèbre que Pasteur ou Mme Curie.

D'ailleurs, il est célèbre. La preuve, c'est que tout le monde parle de lui. Dans mon vieux dictionnaire, il a un long article entre Limousin et Limpopo. Je le sais presque par cœur : Limpenbein, Hans, soldat religieux et alchimiste suisse, né à Zurich en 1600, mort à l'abbaye de Vaud-les-Bois en 1672...

Hans Limpenbein, voyez-vous, était le fils de Gottfried Limpenbein, apothicaire patenté de la bonne ville de Zurich. Rien dans sa première existence ne laissait prévoir son brillant avenir. Il ne payait pas de mine. A dix-sept ans, il paraissait en avoir douze, avec un long visage blême et une tignasse carotte qu'il n'arrivait pas à peigner, bien qu'il eût essayé toutes les pommades et tous les onguents de la boutique paternelle. Le rêve de Hans était d'être apothicaire, comme l'avaient été tous ses ancêtres, depuis des temps immémoriaux. Il n'était heureux que dans l'officine, à mélanger des poudres et des essences dans l'espoir de découvrir le fameux élixir de Jouvence qui, comme chacun le sait, transforme un barbon en damoiseau, entre l'angélus du soir et le chant du coq.

Le vieux Limpenbein ne voyait pas d'un bon œil les expériences de son fils, d'abord parce qu'elles sentaient mauvais — sans parler des cornues cassées et des alambics fêlés —, ensuite parce qu'il avait pour lui d'autres ambitions.

Il voulait que Hans fusse un soldat.

A cette époque, les Suisses avaient pour coutume de gagner leur vie, et souvent de la perdre, en s'engageant comme mercenaires au service de princes étrangers. L'usage a presque disparu maintenant, et c'est dommage, car les Suisses étaient de beaux soldats qui portaient joliment l'uniforme. Le pape est le dernier client qui leur reste, mais il a rarement l'occasion de faire la guerre.

Du temps de Hans, c'était autre chose, et les Suisses étaient très recherchés. Le brave Gottfried voyait déjà son fils capitaine d'un escadron de reîtres ou colonel d'une compagnie de lansquenets.

Peut-être aurait-il attendu encore un peu pour réaliser son ambition si, le jour même de ses dix-huit ans, le jeune Hans n'avait commis une effroyable bévue. Devant livrer au vieux conseiller Otto Hasenschmück les gouttes laxatives qu'on lui préparait chaque semaine, il se trompa de flacon et lui porta son tout dernier élixir de Jouvence. Il faut croire que, dès cette époque, Hans Limpenbein était sur la voie de sa grande découverte, car l'effet de la drogue sur le digne magistrat fut surprenant. L'après-midi même, au cours de la réunion du conseil de ville, il se mit soudain à glousser, à téter son pouce, à vagir, à se conduire enfin tout comme s'il était retombé en enfance. Hans, qui, entre-temps, avait découvert son erreur, fut ravi de ce succès qui dépassait tous ses espoirs, mais se dit qu'il avait sans doute un peu forcé la dose. Il se promit donc de modifier sa formule dès le lendemain.

Il n'en eut pas le temps. Le vieux Limpenbein, qui n'était pas un imbécile, soupçonna immédiatement son fils d'avoir fait quelque sottise. Il se livra à une rapide enquête et découvrit le pot aux roses, en même temps d'ailleurs que le flacon de gouttes laxatives qui aurait dû être livré au conseiller et qui était resté sur la table de l'officine. En ce temps-là, les Suisses avaient des lois très particulières : elles ne permettaient notamment pas aux médecins et apothicaires d'empoisonner leurs clients, ce qui rendait la profession fort difficile. Comme au surplus il s'agissait d'un conseiller, il y avait peu de chances que les juges de Zurich se montrassent cléments si l'affaire venait à s'ébruiter. Il fallait donc faire disparaître le coupable.

Dès le lendemain, son balluchon sur le dos, Hans quitta Zurich pour l'Allemagne où il comptait s'engager dans l'armée du margrave de Strafenberg von Totenstein. Malgré sa pâle mine et son allure de mauviette, il fut accepté sans peine, car, n'étant pas riche, le margrave ne regardait pas à la qualité de ses recrues. D'autre part, la guerre venait d'éclater et le soldat se faisait rare.

La vie militaire en temps de paix, cela peut être agréable quand on sait s'y prendre. Mais vienne la guerre, cela peut devenir très dangereux surtout quand elle est longue. Or, la guerre pour laquelle Hans s'était engagé fut très longue. Autrefois, on savait faire durer les guerres. On économisait les

soldats pour en avoir jusqu'au bout. On faisait des guerres de sept, de trente ou de cent ans, selon les cas. La guerre de Hans était une guerre de trente ans. C'est même le nom qu'elle porte dans l'histoire.

Bref (façon de parler), pendant trente ans, notre Zurichois guerroya dans l'armée du margrave de Strafenberg von Totenstein. Tantôt il était avec les Suédois contre les Impériaux, tantôt avec les Français contre les Croates. Il eut des sergents bavarois, des lieutenants souabes, des capitaines prussiens et des colonels si vieux dans le métier des armes qu'ils avaient oublié dans quel pays ils étaient nés.

Il s'en tira sans une égratignure, pour la bonne raison qu'il ne participait pas aux combats. Dès le début des hostilités, il avait eu l'idée astucieuse de se faire adjoindre comme infirmier au médecin de l'armée. Le médecin passait le plus clair de son temps à boire du schnaps avec le capitaine-adjudant major, et Hans pouvait s'en donner à cœur joie de faire des expériences sur les hommes qui revenaient de la bataille taillés, tailladés, coupés, tranchés, transpercés et embrochés.

Car, vous le devinez, il n'avait pas abandonné ses ambitions de jeunesse et, durant ses longues veilles, il recherchait de nouvelles formules d'élixir qu'il essayait le lendemain sur les blessés avec un espoir toujours nouveau. C'est une belle preuve de constance et un magnifique exemple de foi en la science qu'il ne se soit jamais découragé, bien que, pendant ses trente années d'exercice, pas un blessé n'ait survécu aux soins qu'il lui donna.

On disait de lui que, sans tirer un coup d'arquebuse, il avait tué plus d'hommes que tout le reste de l'armée réuni. Cela lui conférait un immense prestige, non seulement parmi les soldats, mais aussi dans les milieux scientifiques. La réputation du Herr Doktor Hans von Limpenbein s'étendait d'un bout à l'autre de l'Allemagne. Il aurait pu enseigner dans les plus doctes université. Mais il s'était engagé pour la durée de la guerre, et c'était la guerre de Trente Ans. Bien qu'il lui eût donné le grade de Generalhauptoberarzt (ce qui demanderait une bonne douzaine de mots s'il fallait le traduire en français) avec triple rangée de décorations, le margrave ne le lâchait pas.

Or, un beau jour, la guerre était presque terminée et les généraux auraient même immédiatement arrêté le combat s'ils avaient pu se mettre d'accord sur le gagnant. Un beau jour, donc, les Suisses du margrave de Strafenberg von Totenstein furent traîtreusement attaqués à l'heure de la soupe par les Croates du landgrave de Strumpf. Rien n'offense plus un Suisse que d'être dérangé pendant qu'il mange sa soupe, surtout quand elle est bonne. Les soldats du margrave fondirent sur ceux du landgrave avec une imprudente furie. Ce fut une belle bataille. En moins d'une heure, les neuf dixièmes des combattants étaient morts de part et d'autre.

Mais Hans manqua le spectacle. Sourd au bruit du combat, il était en train de travailler sous sa tente. Le margrave ne plaisantant pas sur la présentation de ses officiers, il portait la tenue de campagne réglementaire, avec au ceinturon le pistolet d'ordonnance et la poire à poudre dont il ne s'était jamais servi au cours de ses trente années de carrière.

D'une main que les détonations ne faisaient pas trembler, il mélangeait des ingrédients dans un mortier, notant soigneusement à mesure les quantités et les proportions sur une feuille : poudre de lycopode, une once trois quarts; poivre de Cayenne, quatre grains; cornes de cerf, une pincée; et ainsi de suite. Le tout, pilé, moulu, écrasé, donnait une fine poudre grise aux reflets rougeoyants, qu'il lui faudrait ensuite délayer dans du sang de bœuf, faire bouillir un quart d'heure avec du vif-argent et du venin de crapaud, puis décanter dans des flacons de cristal. Et alors l'élixir serait prêt, cette fois, il le sentait, pour de bon.

Il remuait rêveusement la poudre dans le mortier avant de passer à la phase décisive de son travail quand un grand diable de sergent bavarois tout couvert de sang fit irruption dans la tente :

— Holà, Generalhauptoberarzt de malheur! hurla-t-il en bavarois, le moment est venu d'en découdre! Nous ne sommes plus que quatre de ce côté-ci, en comptant le margrave, et quatre de l'autre, en comptant le landgrave. Tous les autres sont morts.

Laisse tes petites saletés et viens te battre un peu. A cinq contre quatre, c'est bien le diable si nous ne les taillons pas en pièces. Allez, ouste!

Hans comprenait d'autant mieux le bavarois que le sergent faisait de grands moulinets avec son sabre. Il n'hésita donc pas et, serrant la jugulaire de son casque, se prépara à suivre le sous-officier. Mais, au dernier moment, il éprouva un serrement de cœur en voyant sa précieuse poudre dans le mortier. Si elle allait disparaître en son absence? Tout perdre si près du but. Il ne put s'y résoudre. Subrepticement et à l'insu du sergent, il vida sur le sol le contenu de sa boîte à poudre et le remplaça par sa préparation. Bien entendu, ça ne marcherait pas du tout pour charger le pistolet, mais il trouverait certainement sur le champ de bataille toute la poudre à fusil qu'il désirerait.

— Sais-tu au moins charger un pistolet, toubib du diable? Non? Je m'en doutais. Tiens, je vais te montrer. Passe-moi ton pistolet et ta poire à poudre.

— Mais...

— Silence dans les rangs! Bon, tu verses de la poudre dans le canon, comme ça... Ensuite, il faut une bourre... Ce papier fera l'affaire. Bon. Tu enfonces la bourre dans le canon et tu tasses. Ensuite la balle. Ça y est. Ton pistolet est chargé. Il ne te reste plus qu'à armer le chien, à vérifier la pierre, à verser un peu de poudre dans le bassinet, et tu tires. Compris?

Ouste ! Je veux que tu m'aies tué un de ces bandits avant dix minutes. Je te regarde. Raus !

En principe, un Generalhauptoberarzt est plus haut en grade qu'un simple sergent, fût-il bavarois. Mais le sabre qui faisait des moulinets au-dessus de la tête de Hans valait tous les galons. Le médecin préféra donc obéir et s'avança vers l'ennemi. Après tout, il ne lui en coûterait rien de faire semblant de tirer.

Soudain, il aperçut à quelque distance un grand Croate qui avait eu le bras droit tranché, mais qui, du gauche, maniait encore de façon experte une rapière gigantesque. Prenant appui sur son coude, Hans mit son pistolet en position de tir. A ce moment le Croate le vit et se rua vers lui, épée au vent. Fébrile, Hans arma le chien, vérifia la pierre et versa de la poudre dans le bassinet. Il se souvint alors que cela ne servait strictement à rien puisque la poudre n'était pas de la poudre à fusil, et cette pensée lui fit venir la sueur au front. Mais le Croate était déjà sur lui, instinctivement, il pressa la détente.

Il y eut une grande lueur silencieuse, puis un nuage de fumée rouge et jaune s'éleva dans l'air en forme de champignon. Quand il se dissipa, le Croate était toujours là, debout. L'air ahuri, il regardait son bras droit qui venait de repousser !

— Hrvkx ! s'écria-t-il en croate, puis, changeant son épée de main, il fit mine de se jeter sur Hans.

Mais celui-ci ne l'entendait pas de cette oreille.

— Pouce! dit-il d'un ton si déterminé que l'assaillant s'arrêta.

Hans s'approcha de lui et, d'un geste professionnel, lui tâta le bras.

— Hum, murmura-t-il, hum!

Puis posément, il rechargea son pistolet, négligeant cette fois d'y mettre bourre ou balle. Il parcourut des yeux le champ de bataille. A quelques pas de là, un autre Croate agonisait, la gorge tranchée et le ventre ouvert. Hans l'ajusta, tira. De nouveau, il y eut le nuage rouge et jaune et hop, le soldat se retrouva frais et dispos comme avant le combat, toutes ses blessures cicatrisées.

La troisième fois, Hans essaya sa poudre miraculeuse sur un Croate mort et, aussi vrai que je vous le dis, le Croate ressuscita.

La chose commençait à devenir intéressante. Tout à sa curiosité scientifique, Hans recommença l'expérience vingt, trente, cent, mille fois en variant la dose pour chaque sujet. Trois ou quatre grains de poudre suffisaient pour recoller un bras, et avec la valeur d'une cuillerée à café on réveillait un mort. Le pistolet était commode, mais il n'était pas indispensable : il suffisait de faire brûler la poudre sur le sol, à proximité du patient, pour que le miracle se produisît.

Le soleil commençait à décliner quand notre alchimiste remit sur pied le dernier Croate. Il s'aperçut alors de la fatale erreur qu'il avait commise en prenant des ennemis comme sujets d'expérience. Entièrement reconstituée, l'armée du landgrave de Strumpf se rangeait en bataille et Hans courait grand risque de se trouver prisonnier de guerre. Il profita donc de l'état de surprise où se trouvaient ses miraculés pour se glisser entre leurs jambes et détaler vers le camp de son maître, le margrave de Strafenberg écumant de rage, entouré des quatre survivants de son armée.

— Traître ! hurla-t-il du plus loin qu'il vit Hans. On t'a donné un pistolet pour tuer les ennemis, non pour les ressusciter. Ne pouvais-tu exercer ton talent sur mes Suisses et non sur les Croates de mon rival ?

— Monseigneur, répondit Hans, qui avait l'esprit prompt, l'honneur m'interdisait de tirer sur mes compatriotes, fût-ce avec un pistolet miraculeux.

Les Strafenberg von Totenstein, chacun le sait, ont l'esprit beaucoup moins prompt qu'un Suisse de Zurich. Aussi le margrave ne trouva-t-il rien à répondre. Profitant de ce répit, Hans continua :

— Mais si vous le permettez, Monseigneur, je vais maintenant m'occuper de votre armée.

Ce disant, il prit sa boîte à poudre, la déboucha et l'inclina au-dessus de sa main. Horreur : elle était vide. Il n'en restait même pas assez pour recoller un petit doigt sur une main de lansquenet.

114

— Alors ? tonna le margrave qui avait recouvré ses esprits.

— Un instant, Monseigneur, il faut que je prépare une nouvelle provision de poudre. C'est l'affaire d'une minute. J'ai tout marqué sur un papier.

Fébrilement il fouilla ses poches. Rien. Il se précipita dans sa tente et en ressortit au bout d'un moment, tout pâle.

— Sergent, dit-il au bavarois, qu'aviez-vous mis comme bourre dans mon pistolet ?

— Est-ce que je sais, moi ? Un bout de papier qui traînait sur une table.

— La formule, gémit Hans, la formule. C'était la formule de ma poudre qui se trouvait sur ce papier. Monseigneur, j'ai complètement oublié ce qu'il y avait dans ma poudre.

— Himmeldonnerwettersakrament! vociféra le margrave. Sergent, saisissez-moi ce drôle et pendez-le à cet arbre.

Mais le drôle, sans demander son reste, avait déjà pris le large. Aussitôt, le margrave et ses trois compagnons se lancèrent à sa poursuite.

La peur donnait des ailes à Hans Limpenbein. Tout un jour et toute une nuit, il fila droit devant lui. Passé Straubing et Ingolstadt, passé Augsbourg et sa Diète, passé Biberach et son château fort, passé Donaueschingen où il sauta à pieds joints les sources du Danube, il atteignit le Rhin à Vieux-Brisach. Il s'y jeta sans hésiter.

Comme il prenait pied sur la rive alsacienne, il aperçut en face les quatre furieux qui, toujours sur ses talons, piquaient une tête dans le fleuve. Colmar passa comme un éclair, Épinal comme un trait de feu.

Le deuxième soir tombait lorsque le malheureux déboucha sur les côtes de Champagne à proximité de la petite abbaye de Vaud-les-Bois, reconnaissable à sa grande croix de pierre et à son petit enclos de vigne.

Derrière l'horizon, le galop de ses poursuivants faisait trembler le sol. Courant toujours, Hans obliqua vers le monastère et frappa à la porte de chêne :

— Asile ! Asile ! cria-t-il.

Un guichet s'ouvrit et le frère portier le regarda de ses petits yeux brillants.

— Encore un, grommela-t-il. Avec toutes ces guerres nous ne savons plus où mettre les réfugiés. Si cela continue, nous n'aurons plus de place pour loger les barriques. Écoutez, l'ami, nous sommes au complet. Je ne peux pas vous prendre comme ça. Il faut que j'en réfère au prieur.

— Oui, oui, répondit Hans, mais faites vite, je vous en supplie.

Il apercevait déjà le sabre du sergent bavarois qui

lançait des éclairs au soleil couchant sur le coteau voisin.

Au bout d'un moment qui lui parut interminable, il entendit un bruit de pas et le vieux visage ridé du prieur s'encadra dans le guichet.

— Hum! mon ami, dit-il, comment vous appelez-vous?

— Limpenbein, mon père, Hans Limpenbein...

— Hé? Comment?... Limpinpin? Drôle de nom... Enfin... et que faites-vous dans la vie, ami... Limpinpin?

Les chasseurs avaient aperçu leur proie et gravissaient dare-dare le raidillon du monastère.

— Ce que je fais, mon père? répondit Hans, la bouche sèche, oh! un peu de tout. Je suis soldat...

— Soldat? Ça ne m'intéresse pas. Il y en a de reste!

— Médecin...

— Merci. Je n'ai que quatre-vingt-seize ans et je n'ai pas envie de mourir dans la fleur de l'âge.

— Alchimiste...

— Alchimiste? Oh! oh! cela c'est plus intéressant... Je suppose que vous sauriez vous occuper de notre vin?

— Oui, oui, bien sûr...

Hans ne savait plus ce qu'il disait. Le sabre du bavarois n'était plus qu'à une trentaine de toises.

— Alors, cela change tout, marmonna le prieur. Notre alchimiste, Dom Colignon, est mort la semaine passée et il était le seul à savoir préparer notre vin mousseux. Si vous consentez à prendre la robe, ami Limpinpin, vous êtes des nôtres.

— J'accepte, j'accepte !

La vieille porte tourna en grinçant sur ses gonds et Hans s'engouffra sous le porche au moment où le sabre du bavarois s'abattait en sifflant à l'endroit où se trouvait sa tête la seconde d'avant.

— Noël, cria Hans, je suis sauvé !

Un instant, le margrave de Strafenberg von Totenstein se demanda s'il n'attaquerait pas le couvent et ne le mettrait pas à sac. Mais, avec tout l'embrouillamini des guerres de Religion, il ne se souvenait plus très bien s'il était catholique ou protestant. D'ailleurs, le couvent se trouvait en territoire français et, à cette époque, un gentilhomme avait à cœur de ne pas faire la guerre chez les autres. Il préféra donc s'abstenir et fit bien, car son armée était réduite à quatre hommes et les moines de Vaud-les-Bois étaient de solides gaillards.

C'est ainsi que Hans Limpenbein prit la robe de bure chez les bénédictins de Vaud-les-Bois et devint le révérend Père Limpinpin. Il s'acquitta de sa dette envers ses bienfaiteurs en faisant de leur vin un des crus les plus renommés de Champagne, mais il n'abandonna pas ses recherches pour autant. Tard le soir, les novices qui revenaient de complies le voyaient à travers la vitre de son laboratoire penché sur ses cornues et ses mortiers.

Hélas! il ne retrouva jamais le secret de la poudre merveilleuse. Il y avait toujours un peu trop de ceci ou pas assez de cela. Il n'arriva même pas à recoller une patte de mouche. Au cours de ses travaux, il fit maintes découvertes utiles et agréables : il inventa la poudre de riz, la poudre à éternuer, la poudre aux yeux, la poudre fumigatoire et la poudre insecticide. Il n'inventa pas la poudre d'escampette, car, cela, c'est une tout autre histoire. Mais ses inventions furent si nombreuses et si ingénieuses que son renom gagna les quatre coins de la Chrétienté.

Le miracle des Croates avait fait le tour du monde, et des milliers de pèlerins affluaient vers le monastère de Vaud-les-Bois pour s'enquérir de la fameuse poudre du Père Limpinpin. Comme la route était longue, ils arrivaient assoiffés et buvaient volontiers le vin de l'endroit, ce qui était d'un bon rapport pour la communauté.

Et puis, il mourut et l'on cessa de visiter le monastère qui est maintenant en ruine. Mais le nom du Père Limpinpin resta dans la mémoire des hommes, et notamment des Français, comme celui du génial et infortuné savant qui eut à portée de sa main le secret de la vie éternelle et le perdit avant d'avoir pu s'en servir.

Vous ne me croyez pas? Regardez mon diction-

naire... le vieux, pas le nouveau qui n'est qu'un igno-
rant... Limousin... Limoux... Limpopo... Tiens!
Où donc est-il passé? Limousin... Limoux... Limpopo... Bizarre... J'aurais pourtant cru qu'il était
là!

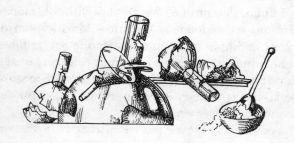

9

La mort héroïque
d'Hubert de la Cantonade

C'était son vrai nom : Vicomte Nicolas Hubert de la Cantonade, seigneur de La Cantonade, de Trou-le-Huc et autres lieux.

La Cantonade est un charmant village du Périgord qui mire ses toits pointus dans les eaux vertes de la Vézère. C'est là, dans le petit manoir de ses ancêtres, que le vicomte Hubert naquit, le 14 juillet 1774.

Il avait donc tout juste quinze ans le jour de la prise de la Bastille. Nul doute qu'il n'eût perdu la tête sur la guillotine quelques années plus tard avec son père, sa mère et ses huit frères et sœurs si, par une heureuse circonstance, il n'avait été, à l'âge de douze ans, enlevé par une troupe de gitans qui firent de lui un artiste de grands chemins.

Si Hubert suivit les gitans avec facilité, c'est qu'il

était dès cette époque doué d'un trait de caractère fort sympathique, mais qui devait lui attirer les pires ennuis. Il était sensible, sensible à en perdre la raison, à en mourir — et de fait, il en mourut. Sa sensibilité était telle qu'un mot trop rocailleux, sans voyelles claires et sonnantes, suffisait à lui faire venir les larmes aux yeux. Dès qu'il prononçait le mot « tristesse », il éclatait en sanglots. Quant au mot « chagrin », il n'arrivait même pas à le prononcer tant sa voix était entrecoupée de hoquets et de gémissements. Si au contraire il s'agissait d'une chose joyeuse, son visage se fendait comme une pêche mûre et son corps frêle était secoué par un rire si impérieux et si communicatif que rien n'y résistait : quand Hubert riait, il fallait que toute la province rie avec lui.

Or, en ce temps-là, on aimait au théâtre mêler le rire et les larmes. Nul n'avait de goût s'il ne pouvait en une soirée mouiller trois mouchoirs et faire craquer douze boutons de son gilet. C'est bien pour cela que les gitans, fins connaisseurs de l'âme populaire, mirent la main sur le prodigieux enfant.

Ils s'y prirent de façon fort simple. Ayant rencontré Hubert qui revenait de pêcher la grenouille dans la Vézère, ils l'attirèrent jusqu'à leur tente où ils jouèrent devant lui quelques-unes des scènes les plus déchirantes de *L'Orpheline de la roulotte*, drame sentimental qui ne manquait jamais d'obtenir le plus vif succès de larmes auprès des populations villageoises. Avant la dixième réplique, Hubert se roulait déjà sur le sol, en proie au plus véhément chagrin. Les astucieux saltimbanques lui racontèrent leur plus triste histoire, insistant sur les détails les plus douloureux, les plus pénibles de leur existence. Bêlant d'attendrissement, meuglant de commisération, bavant de pitié, Hubert jura qu'il ne les quitterait plus. Et, laissant ses grenouilles sur le bord de la Vézère, le vicomte Hubert de la Cantonade partit vers son nouveau destin.

De tréteaux en estrades, il fit une belle carrière qui le mena jusqu'à Paris. Il y arriva juste à temps pour déclamer, juché sur un tonneau, une ode patriotique aux glorieux vainqueurs de la Bastille. Les termes en étaient si enflammés qu'il en eut pendant plusieurs jours des brûlures au gosier.

La Révolution fut une belle époque pour les comédiens. Jamais les théâtres ne furent plus courus qu'en ce temps-là. Hubert de la Cantonade avait troqué son nom, trop dangereux à porter, pour celui d'Eleuthère Spartacus. Sous ce pseudonyme, il fut la coqueluche des boulevards. Il n'avait pas son pareil pour jouer le mélodrame. Son rôle préféré était celui de l'innocent berné par le méchant traître. Quand arrivait le dénouement de la pièce et que se révélait aux yeux du spectateur la noirceur d'une âme criminelle avec le désespoir d'une âme pure, Hubert-Eleuthère-Spartacus de la Cantonade se surpassait. Ses rugissements de colère, ses clameurs d'indignation, ses hurlements de détresse soulevaient la salle du parterre au paradis. Ce que les spectateurs ignoraient, c'est que les transports de leur idole n'étaient pas feints, que l'acteur écumait réellement de douleur, de dépit et de rage et que si un machiniste ne lui avait subrepticement passé une camisole de force avant l'entrée en scène, il eût probablement massacré toute la troupe y compris le souffleur et le pompier de service.

Parfois, il s'amusait à jouer le vaudeville. Et alors c'était du délire. Son rôle était celui du gros paysan jovial qui s'esclaffe à la moindre parole. Son rire énorme faisait vibrer les lustres et détachait du plâtre au plafond. Il balayait la salle comme une bourrasque, laissant derrière lui les spectateurs tordus, convulsés, hoquetant. Mais ce qu'on ne savait pas, c'est que, le rideau tombé, il fallait une bonne demi-heure à Hubert pour retrouver son calme, malgré les soins que lui prodiguaient deux infirmières et un médecin spécialement attachés à sa personne.

Après le 9 Thermidor et la chute de Robespierre, Hubert de la Cantonade reprit son nom et fut appelé par le grand Talma à faire partie de la troupe du Théâtre-Français qui devint plus tard la Comédie-Française.

Si flatteuse qu'elle fût, cette promotion eut des conséquences désastreuses pour la carrière de l'acteur. Son style véhément, sa sincérité dévastatrice ne plaisaient guère aux calmes habitués du vieux théâtre, attachés à leurs traditions. D'ailleurs les goûts avaient changé. L'Empire se voulait romain et l'on

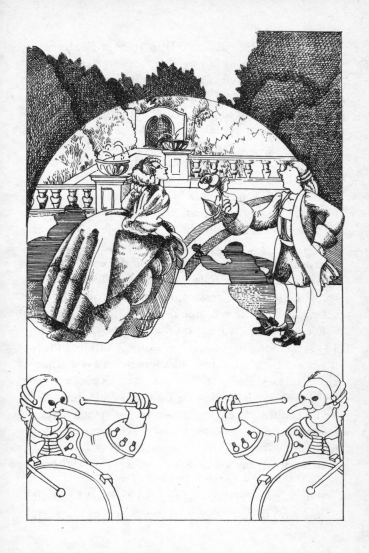

jouait la tragédie classique. Hubert de la Cantonade n'était pas fait pour la tragédie classique. Sa sensibilité augmentait avec l'âge. Quand Talma lui confia le rôle de Don Diègue dans *Le Cid*, il répondit au soufflet de Don Gormas par un direct à la mâchoire qui étendit le malheureux acteur raide sur les planches. Dès lors, il joua les comparses, les confidents. Mais il se fit siffler dans le rôle de Narcisse pour avoir, cédant à un élan du cœur, fait irruption sur la scène, afin de révéler à Britannicus que Néron épiait sa conversation avec Junie derrière un rideau. D'ailleurs il avait de plus en plus de peine à supporter le jeu efficace et puissant de Talma. La moindre imprécation lui faisait venir des sueurs froides, le moindre éclat de voix le faisait trembler de tous ses membres. Plusieurs fois, transi de terreur, il resta muet en scène alors qu'on attendait de lui la réplique décisive.

C'est comme figurant qu'il acheva sa carrière en 1815. En montant sur le trône, Louis XVIII lui fit restituer ses biens qui, miraculeusement, n'avaient pas été dispersés au vent des enchères. Redevenu le vicomte Nicolas Hubert de La Cantonade, seigneur de La Cantonade et de Trou-le-Huc, l'ancien acteur pensa un moment se retirer dans ses terres. Il avait quarante et un ans, des revenus solides et il pouvait mener encore une vie longue et agréable sur les bords de la Vézère.

Il passa tout un été à pêcher la grenouille à l'endroit même d'où il était parti vingt-neuf ans plus tôt. Mais avec l'hiver, les nostalgies montèrent. Il songeait mélancoliquement à l'odeur de fine poussière qui flotte sur les planches, à l'éclat des chandelles qui dore le front des théâtres. Laissant la Vézère et ses grenouilles, il repartit pour Paris et prit un logement au Palais-Royal, tout près de sa chère Comédie.

Tous les soirs, il allait flâner dans les coulisses, prêtant la main aux machinistes, serrant un corset, ajustant une perruque. Et quand la représentation commençait, on lui apportait un fauteuil afin qu'il puisse se pâmer, sangloter et trembler tout à son aise. Il ne s'en faisait point faute, et tout le temps que Talma restait en scène, il maintenait sous ses narines un flacon de sels anglais afin de ne pas s'évanouir, tant était forte l'impression que faisait sur lui le grand comédien.

Talma vieillissait, Hubert aussi. L'un avait soixante et un ans, l'autre tout juste cinquante l'année où Louis XVIII mourut, laissant la place à Charles X. Tout doucement, une époque en chassait une autre. La jeune armée romantique levait son étendard, assiégeant déjà la Comédie-Française avant de la prendre d'assaut pendant la nuit mémorable de 1830 où Victor Hugo imposa *Hernani* au parterre des vieux abonnés à perruque.

Dans les transports du drame romantique, Hubert retrouvait avec joie les violences verbales du mélodrame de sa jeunesse. L'emphase, bannie par Talma, revenait au galop et l'ancienne vedette du boulevard voyait poindre pour lui l'espérance d'une nouvelle carrière.

Lors des fêtes du sacre de Charles X, Talma, voulant se mettre au goût du jour, accepta le rôle du Doge de Venise dans *Bertuccio*, une des rares tragédies de Guibert de Pixérécourt qui, à ma connaissance, ait été jouée à la Comédie-Française. Mais quelle tragédie ! Ce n'est pas en vain que Pixérécourt a reçu le surnom de « père du mélodrame ». Jamais l'auguste scène de Molière n'avait entendu tirades aussi enflammées, vociférations aussi convaincantes. Hubert de la Cantonade fut de toutes les répétitions. Le passage qui lui plaisait le plus était celui où le Doge lance sa malédiction sur le traître Bertuccio qu'on emmène vers le supplice. Les deux derniers vers surtout avaient sur lui un effet extraordinaire. Quand, l'œil flamboyant, le doigt tendu vers la coulisse, Talma s'écriait :

« De l'Enfer qui t'attend entends-tu les clameurs ?
Sois maudit ! Sous le fer justicier, tombe et meurs !
il semblait à Hubert que son cœur s'arrêtait et qu'il allait mourir en même temps que l'infâme Bertuccio.

Et pourtant Talma n'était pas satisfait.

— Ça manque de conviction, de naturel ! s'écriait-il. Comment voulez-vous que je donne le ton en m'adressant à une coulisse vide ! Regardez le bout de mon doigt ! Qu'est-ce qu'il y a au bout de mon doigt ? L'échelle du machiniste ! Comment voulez-vous que j'aie de la conviction et du naturel en maudissant une échelle! Si encore Bertuccio restait dans la coulisse, à ma vue, pendant que je lance ma tirade!

— C'est impossible, monsieur Talma, gémissait le régisseur. Il faut qu'il aille changer de costume pour la scène finale!

Le jour de la répétition générale, Talma explosa :

— Non, non et non! Je ne veux pas me couvrir de ridicule! Mettez-moi quelqu'un dans la coulisse ou je ne joue pas!

— Mais qui voulez-vous que je mette?

— N'importe qui! Un machiniste, un figurant, est-ce que je sais, moi?

— Tous les figurants sont en scène, monsieur Talma, et j'ai besoin des machinistes.

On finit toutefois par découvrir un aide-machiniste un peu simple d'esprit qui était libre pendant les quelques minutes nécessaires. On le plaça dans la coulisse et c'est lui qui reçut le feu de l'invective.

Talma fut éblouissant. Ayant enfin en face de lui, mais caché aux spectateurs, un visage à qui s'adresser, il débita sa tirade avec une telle puissance de persuasion qu'Hubert de la Cantonade, pelotonné de terreur dans son fauteuil, s'évanouit au dernier mot. Il lui fallut au moins dix bouffées de sels anglais pour reprendre ses esprits.

Le lendemain, c'était la grande première en présence du Roi et des corps constitués. Les quatre premiers actes furent enlevés brillamment et Talma rayonnait.

Soudain, pendant le dernier entracte, la foudre s'abattit sur le régisseur. L'aide-machiniste qui devait servir d'exutoire à la colère du Doge était introuvable. Renseignements pris, on sut qu'il s'était cassé la jambe en tombant dans une trappe un peu avant la représentation. Que faire? Il n'y avait personne à lui substituer, mais vraiment personne, car la présence des augustes spectateurs avait mobilisé tout le personnel du théâtre, depuis le chef accessoiriste jusqu'au plus infime des apprentis portiers.

Mis au courant de la situation, Talma se montra intraitable.

— Trouvez-moi quelqu'un, dit-il, ou j'interromps la représentation. J'ai joué devant un parterre de neuf rois et trois empereurs, alors vous pensez!

La mort dans l'âme, le régisseur s'en fut. Il ne restait plus qu'une dizaine de minutes avant le lever du rideau. Le malheureux songeait déjà à se pendre au montant de quelque décor quand ses yeux tombèrent sur Hubert de la Cantonade qui, dans son fauteuil, pleurait encore au souvenir de la scène d'amour du quatrième acte.

— Monsieur de la Cantonade, s'écria-t-il, voulez-vous sauver l'honneur de notre théâtre?

— Bien sûr, mon ami, bien sûr, répondit La Cantonade entre deux gémissements.

— M. Talma a besoin de vous pour un remplacement au cinquième acte.

— Un remplacement ? Mais je ne connais pas le rôle.

— Peu importe. Vous n'avez pas besoin de le savoir. C'est un rôle muet.

Un peu vexé tout de même qu'on lui propose un rôle muet, La Cantonade prit son air le plus vicomte.

— Mon cher, n'y a-t-il plus de figurants à la Comédie-Française ?

— Ce n'est pas un rôle de figurant. Je vais vous expliquer...

Rapidement, le régisseur mit l'acteur au courant de son embarras. Quand il eut compris, La Cantonade se récria :

— Vous n'y songez pas ! J'ai du mal à supporter le feu de M. Talma quand il m'atteint en oblique comme ici. Mais si je le reçois en face, de plein fouet, je suis capable d'en mourir !

Pour convaincre La Cantonade, il fallut que Talma en personne vînt le supplier.

— Mon cher Hubert, lui dit-il en lui prenant le bras, nous nous connaissons depuis bien des années et je sais ce qu'il t'en coûte de me rendre ce service, de rendre ce service à tous nos camarades, à notre belle profession. Et je t'envie, car tu es ainsi en mesure de donner au théâtre la plus belle preuve d'attachement qu'un comédien puisse lui donner : celle d'un sacrifice librement consenti.

131

La belle voix grave de Talma pénétrait jusqu'au fond des entrailles de l'infortuné. Il sentit faillir sa résolution tandis qu'un élan d'enthousiasme, de gratitude et d'attendrissement lui faisait fondre le cœur.

— J'y vais, dit-il.

Et, lui-même, il alla placer son fauteuil dans la coulisse au poste de combat.

Il entendit frapper les trois coups comme dans un rêve. Sous ses yeux éblouis, l'acte déroula ses scènes comme les plis d'une draperie qui s'ouvre sur le dénouement. Il entendit Bertuccio démasqué donner libre cours à son dépit, puis le traître passa près de lui, encadré par les sbires, et se hâta vers sa loge. Hubert resta seul en face de Talma qui tournait maintenant vers lui son doigt accusateur.

La tirade l'atteignit comme une gifle. Il en eut le souffle coupé. Son pouls se mit à battre la chamade. Une pâleur mortelle envahit son visage, mais il serra les dents et tint bon. La voix de Talma roulait comme un tonnerre.

Haletant, La Cantonade attendait les deux derniers vers. Arrivé au bord de l'ultime invective, Talma s'interrompit une seconde. Dans le silence sinistre et lourd, on entendit la salle qui se mouchait.

Et puis...

« De l'Enfer qui t'attend entends-tu les clameurs ?... »

132

Oui, il les entendait! Elles montaient autour de lui comme les flammes d'un bûcher, écrasant sa poitrine, enserrant sa gorge. Il voulut crier, le visage tordu d'angoisse. La main crispée sur le cœur, il se leva à demi sur son siège.

« *Sois maudit !...*

Un long gémissement lui échappa. Les sueurs de l'agonie perlèrent sur son front.

« *Sous le fer justicier, tombe...*

Il fallait tenir jusqu'au bout, il fallait, coûte que coûte...

« *Et meurs !*

La Cantonade s'affaissa foudroyé sur le fauteuil, sa mission accomplie.

Il y eut trente rappels. Trente fois le rideau se souleva devant les acclamations de la salle. Trente fois, Talma vint saluer et savourer ce qui devait être le dernier triomphe de sa carrière, car il mourut l'année suivante.

Mais quand le rideau fut tombé pour la dernière fois, il y eut derrière la scène un autre triomphe plus discret et plus triste, mais non moins fervent. Leur masque de théâtre tombé, les comédiens vinrent un à un rendre hommage à celui qui avait fait le sacrifice de sa vie pour sauver l'honneur de la profession.

Les comédiens ne sont pas des ingrats. Le nom de leur martyr s'est perpétué dans leur langage. Et depuis ce temps, lorsqu'au théâtre un acteur parle à un per-.

sonnage invisible en coulisse, on dit qu'il parle à *la cantonade*. Car, de l'estrade de foire au grand opéra, dans tous les lieux où des hommes sur des planches amusent d'autres hommes, Hubert de la Cantonade est dans la coulisse, présent en esprit.

 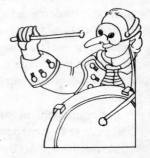

10

L'auberge de la Bonne Franquette

C'était au temps où les compagnons charpentiers, leur apprentissage terminé, faisaient le tour de France. Il y avait au détour d'un chemin, entre Périgueux et Brive, une auberge où ils avaient coutume de passer la nuit avant de reprendre leur route sur le causse désert, portant leur balluchon au bout de leur canne ornée de rubans.

L'auberge était misérable et l'on n'y faisait pas grande chère. Un quignon de pain rassis avec un morceau de fromage de brebis était tout le souper et pour dormir la soupente ne contenait que quelques paillasses dont il fallait bien s'accommoder.

L'aubergiste était un vieil homme morose, resté veuf depuis longtemps et il n'avait pour l'aider que sa petite fille Franquette. C'était elle qui allait chercher l'eau, fendait le bois, disposait les écuelles sur la table et balayait la salle commune quand tout le monde était allé se coucher. Levée la première, elle était toujours la dernière à s'endormir.

Les compagnons l'aimaient bien, car elle était avenante et gentille. Son père l'était moins. Toujours grognon et grippe-sous, il ne cessait de bougonner contre l'appétit de ses hôtes qui, disait-il, lui mangeaient son fonds. Cela ne l'enrichissait guère d'ailleurs et le garde-manger de l'auberge était souvent vide. Il arrivait que les voyageurs de passage dussent rester le ventre creux.

Un soir d'hiver, alors qu'il gelait à pierre fendre, on frappa à la porte. Franquette alla ouvrir. C'était un compagnon au visage pâle et émacié, tout transi de fatigue et de froid. Il posa son balluchon sur la table.

— J'ai fait dix lieues aujourd'hui, dit-il. Pourrais-je manger et dormir ici ?

— Pour dormir, dit l'aubergiste, ce sera deux sous, mais pour manger, mon garçon, il te faudra attendre la prochaine étape. Je n'ai rien dans la maison qu'une poignée de châtaignes sous la cendre pour notre souper. Il y en a tout juste pour ma fille et pour moi.

— J'attendrai donc, dit le compagnon en s'approchant de l'âtre pour se chauffer à la maigre braise qui y couvait.

L'aubergiste sortit pour préparer la paillasse. Franquette regardait le nouveau venu. Il avait l'air près de défaillir.

— Monsieur, dit-elle, si vous voulez, prenez mes châtaignes. Je n'ai pas faim.

— Tu as bon cœur, petite. Comment t'appelles-tu ?

— Franquette, monsieur.

— Je ne veux pas te priver de ton souper, Franquette, mais j'ai très faim. Aussi, si tu le veux bien, nous allons partager. Combien y a-t-il de châtaignes ?

— Il y en a douze pour moi et douze pour mon père, monsieur.

— Tire ta part du feu.

Ils se mirent à manger, mais à mesure qu'ils mangeaient, il semblait que les châtaignes se multipliaient. Ils en mangèrent six chacun et voici qu'il y en avait encore douze, puis ils mangèrent de nouveau et il y en avait toujours douze.

— Nous voici rassasiés, dit le compagnon. Jamais je n'ai fait un aussi bon repas.

— Mais comment se fait-il, monsieur, qu'il y ait eu tant de châtaignes ?

— Tu avais dû mal compter. Maintenant je vais dormir. Bonsoir, Franquette.

Au petit matin le compagnon s'en fut, son balluchon sur l'épaule. Et une année passa. Le causse se couvrit d'une herbe drue, les chênes et les châtaigniers verdoyèrent puis se parèrent de l'or de l'automne.

La neige revint et un soir, de nouveau, on frappa à la porte.

Franquette n'avait pas oublié l'étrange visiteur de l'année précédente et elle savait qu'il allait revenir. L'hiver était rude et l'auberge était toujours aussi pauvre. Le compagnon avait l'air plus pâle encore et plus las que lors de sa première visite.

— Pourrais-je manger et dormir ?

— Pour dormir c'est toujours deux sous, répondit l'aubergiste. Quant à manger, il te faudra t'en passer. Je n'ai que deux cuillerées de soupe dans la marmite et elles sont pour ma fille et pour moi.

Quand son père fut sorti, Franquette dit à l'étranger :

— Monsieur, prenez ma soupe. Je n'ai pas faim.

— Moi, j'ai très faim, mais nous allons partager. Une demi-cuillerée pour toi, une demi-cuillerée pour moi. Tu veux bien ?

Or du premier coup les deux écuelles se trouvèrent pleines à ras bord et il y avait encore de la soupe dans la marmite. Franquette put encore les remplir deux fois et il restait toujours autant de soupe.

— Eh bien, dit le compagnon, nous voici le ventre plein. Il ne nous reste qu'à dormir.

— Mais comment se fait-il, monsieur, qu'il y ait eu tant de soupe dans la marmite ?

— Je ne sais pas, moi. Elle doit être plus grande que tu ne croyais.

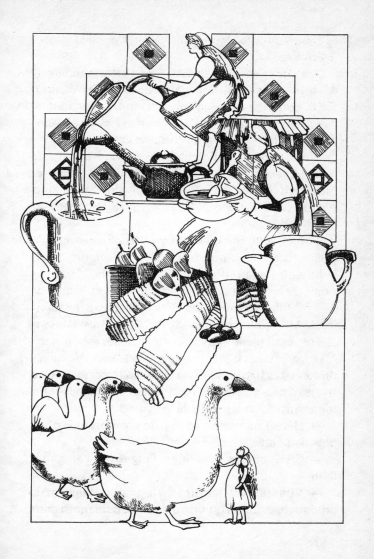

Et au matin le compagnon s'en fut comme la première fois.

Une année encore s'écoula. Franquette grandissait. Au printemps c'était déjà une belle jeune fille et, malgré la pauvreté de la chère, les compagnons s'attardaient plus longuement dans l'auberge pour plaisanter avec elle et lui faire un brin de cour.

Hélas! quand vint l'automne le vieil aubergiste tomba malade. Il mourut aux premières gelées et Franquette resta seule. Il n'était plus question pour elle de tenir l'auberge. Elle décrocha l'enseigne et ferma les volets.

L'hiver cette année-là fut plus rude encore qu'à l'accoutumée et la neige vint tôt en décembre. Dans la maison solitaire Franquette n'avait plus de provisions. Il lui faudrait bientôt s'en aller et s'engager comme fille de ferme dans quelque hameau des environs. Mais qui voudrait d'elle? Tous les paysans étaient également pauvres à vingt lieues à la ronde.

Un soir elle attisait tristement quelques branches mortes dans l'âtre quand on frappa à la porte. Elle ne songeait plus au visiteur des années précédentes et fut toute surprise quand elle le vit entrer.

— Hélas! monsieur, mon père est mort et il n'y a plus d'auberge.

— C'est que je suis bien fatigué et j'ai grand faim.

— Vous pouvez dormir ici à la grâce de Dieu, mais pour manger je n'ai qu'un quignon de pain moisi dans

140

la huche. Je vous le donnerai bien volontiers si vous voulez vous en contenter.

— Ce sera un régal, Franquette. Va le chercher.

Mais quand Franquette ouvrit la huche, elle eut la surprise d'y trouver un pain tout rond, tout chaud, tout doré et tout croustillant.

— Monsieur, quelle est cette étrange chose? Je suis bien sûre que le pain n'était pas dans la huche ce matin.

L'étranger paraissait avoir rajeuni. Il s'était redressé, avait grandi et ses yeux brillaient d'une douce lumière.

— Va regarder dans le garde-manger, Franquette. Tu y trouveras du fromage et du lard. Et, écoute, j'entends des poules qui caquettent dans l'enclos. Elles ont certainement pondu des œufs.

Franquette alla voir et c'était bien vrai : le fromage, le lard et les œufs étaient là.

— Est-ce vous, monsieur, qui faites ces miracles?

— Non, Franquette, c'est ta bonté. Tu as partagé le peu que tu avais avec un inconnu et il n'y a pas au monde de plus grande richesse. Autrefois j'ai refusé de partager mon pain avec un malheureux et il en est mort. J'ai été condamné à courir les routes jusqu'à ce que je rencontre quelqu'un qui par trois fois accepte de partager avec moi. C'est toi qui m'as délivré. Je vais repartir, mais je reviendrai l'année prochaine. Désormais ton garde-manger sera toujours bien garni et ta huche sera pleine. N'oublie jamais qu'il faut savoir donner pour recevoir. Au revoir, bonne Franquette, tu me reverras bientôt.

Et il s'en fut. Dès le lendemain Franquette rouvrit les volets de l'auberge et les hôtes commencèrent d'affluer. La nouvelle se répandit vite qu'il y avait une auberge où la table était toujours mise et où l'on pouvait se rassasier sans bourse délier. On arrivait sans s'annoncer et même si l'on ne possédait pas un rouge liard, on était certain de trouver une nourriture simple et abondante en même temps que le sourire toujours avenant de la bonne Franquette.

L'année passa comme un éclair et dès les premiers froids le compagnon revint. Il était jeune, beau et vigoureux.

— Franquette, dit-il, veux-tu m'épouser?

— C'est mon plus cher désir.

Ils se marièrent donc et ce fut une grande fête. Des centaines de compagnons y assistèrent et il y eut à manger et à boire plus qu'il n'en fallait pour tout le monde.

Au-dessus de la porte on plaça une nouvelle enseigne qui disait « A la Bonne Franquette. »

Elle y est encore et, si d'aventure vous passez par là, vous pouvez vous arrêter à l'auberge. Vous y serez toujours reçu à la bonne franquette.

11

Entre le Zist et le Zest

La petite ville de Klopf se trouve située exactement entre le Zist et le Zest, à l'endroit où ces deux cours d'eau s'unissent pour former la Zweifel qui va se jeter quelque part dans le Danube ou ailleurs, je ne sais plus. Le Zist, au nord, est une rivière calme qui serpente paresseusement à travers les plaines de Borosthénie, alors que le Zest, au sud, est un torrent impétueux qui descend des montagnes de Poldavie.

A l'époque où se passe cette histoire, le royaume de Borosthénie et le Grand Duché de Poldavie n'étaient pas d'accord sur leur frontière. Les Poldaves disaient qu'elle passait sur le Zist et les Borosthéniens disaient qu'elle passait sur le Zest, si bien que Klopf, territoire contesté, était l'enjeu de luttes constantes.

Chaque année au printemps l'armée borosthénienne déclenchait une offensive, occupait la région
située entre les deux rivières et annexait Klopf.
Non moins régulièrement, chaque année à
l'automne l'armée poldève descendait de ses montagnes et chassait l'occupant borosthénien.

Klopf avait ainsi l'avantage d'être libérée deux fois
par an. Cela se passait en général assez gentiment.
Il y avait bien de temps en temps un blessé çà et là
ou une maison brûlée, mais chaque fois le haut com-
mandement responsable s'excusait avec la plus
grande urbanité. Les soldats eux-mêmes avaient pris
l'habitude de ces excursions saisonnières à Klopf.
C'était une ville accueillante et, les combats terminés
— ils ne duraient jamais bien longtemps —, on pouvait s'y détendre agréablement. Le schnaps de Klopf
est particulièrement fruité et sa spécialité de côtelettes
de porc aux myrtilles est justement célèbre.

De leur côté les habitants de Klopf se seraient bien
passé d'être tantôt borosthéniens, tantôt poldèves. Ils
auraient aimé être tout simplement klopviens. Mais
enfin, mis à part les inévitables inconvénients de la
guerre, ils trouvaient que la situation avait des avan-
tages. Outre l'hôtellerie et l'alimentation qui mar-
chaient fort bien, une industrie prospère de l'uniforme militaire s'était développée dans la ville et les
tailleurs possédaient en réserve des stocks abondants
de drap bleu pour les uniformes borosthéniens et de
drap vert pour les uniformes poldèves.

Les choses se passaient donc sans trop de heurts et à la satisfaction de tout le monde quand, un beau matin, fut conclu le traité de Weissnichtwo.

Le traité de Weissnichtwo mettait un terme à un long conflit entre les Grandes Puissances et avait pour but de donner enfin et une bonne fois à l'Europe des frontières sûres, reconnues et définitives. La Borosthénie et la Poldavie avaient été engagées, chacune de son côté, dans les coalitions qui s'étaient livrées à une guerre compliquée et interminable. Mais c'étaient de petits pays et la part qu'elles eurent dans la négociation le fut également.

La Borosthénie était représentée à la conférence par le duc de Schmerz, arrière-grand-oncle du Roi, qui avait quatre-vingt-dix ans, et la Poldavie par le vieux général Bolduc qui était sourd comme un pot et n'y voyait pas plus loin qu'une taupe. La question du Zist et du Zest fut examinée distraitement par les Grandes Puissances un soir, en fin de séance, alors que tout le monde était fatigué. On décida, sans même regarder la carte, que le Zist serait la frontière sud de la Borosthénie et le Zest la frontière nord de la Poldavie. Cela laissait Klopf en dehors de l'un et l'autre pays.

Un diplomate danois, particulièrement tatillon, s'en aperçut alors que la conférence tirait à sa fin et que le traité était sur le point d'être signé. Quand il signala l'anomalie, tout le monde fut très ennuyé. Nul n'avait envie de recommencer la négociation sur un point aussi mineur. C'est alors que le diplomate danois suggéra une solution qui fut immédiatement acceptée : on ajouta au traité un paragraphe donnant à Klopf le statut de Ville libre.

Sur le moment à Klopf ce fut la joie. Il y eut une grande fête au cours de laquelle fut exécuté pour la première fois l'hymne klopvien, œuvre du chef de la musique municipale qui était aussi à ses heures fabricant de confiture de myrtilles. Le bourgmestre prononça un long discours où il exalta l'indépendance klopvienne. Un emblème fut choisi pour le nouvel État. Il représentait le Zist sous l'aspect d'une nymphe alanguie et le Zest sous celui d'un jeune homme vigoureux. Entre le Zist et le Zest on voyait une bouteille de schnaps qui symbolisait la prospérité de Klopf.

Les difficultés commencèrent quand les troupes poldèves dont c'était alors le tour d'occupation, évacuèrent le territoire et, conformément au traité, se retirèrent sur la rive du Zest. Les Klopviens se rendirent compte alors que cette fois les Borosthéniens ne viendraient pas les remplacer et ils se sentirent tout bêtes.

Il fallait se rendre à l'évidence : le départ des soldats, c'était tout simplement le marasme économique. Il n'y aurait plus personne pour boire le schnaps, pour manger les côtelettes de porc, pour acheter les uniformes, pour avoir en somme l'argent facile. Très vite Klopf connut des jours difficiles. Les riches, bien

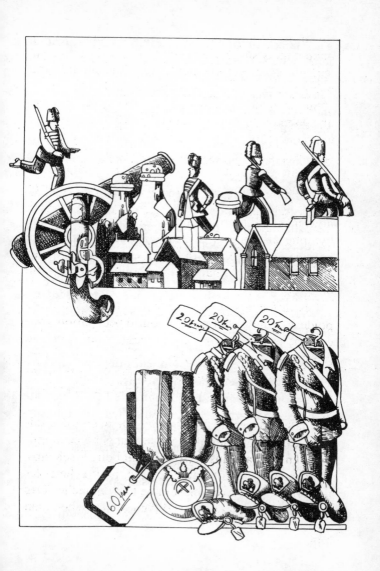

sûr, étaient les plus frappés car la source même de leur richesse avait disparu. Les pauvres, eux, de toute façon restaient pauvres, mais ils n'étaient pas sans éprouver une certaine nostalgie. Ces Borosthéniens et ces Poldèves étaient parfois de bons drilles. Les demoiselles de Klopf n'avaient plus pour les inviter à danser que les garçons de Klopf, qu'elles connaissaient trop bien et qui n'avaient pas le prestige de l'uniforme.

Le bourgmestre qui possédait une fabrique de passementerie, fournissait des galons d'or à l'armée borosthénienne et des fourragères de soie à l'armée poldève. Il était donc parmi les plus durement touchés. Il réunit à l'hôtel de ville le Conseil des échevins.

— Messieurs, dit-il, cette glorieuse indépendance que nous venons de conquérir de haute lutte ne doit pas causer la ruine de notre cité. Nos occupants sont partis, mais il faut que nos clients restent. Si les armées de nos voisins ne viennent plus faire la guerre chez nous, peut-être pourraient-elles y venir en paix. La région de Klopf est un admirable lieu de détente pour le soldat fatigué. Les Borosthéniens, qui font surtout campagne en été, pourraient prendre leurs quartiers d'hiver chez nous et les Poldèves, qui se battent surtout en hiver, pourraient y prendre leurs quartiers d'été. Nous ferions tout le nécessaire pour leur rendre le séjour agréable.

— C'est une excellente idée, dit l'échevin Blick

qui tenait la plus importante auberge de la ville. Cela s'appelle le tourisme. Les Anglais le pratiquent beaucoup. C'est très payant.

— Je propose donc, dit le bourgmestre, que nous envoyions des émissaires aux deux gouvernements pour leur soumettre ce projet.

Ainsi fut fait. Le roi de Borosthénie et le grand duc de Poldavie se déclarèrent l'un et l'autre très intéressés. Mais, considérant qu'en tout état de cause la paix devait coûter à leur budget moins cher que la guerre, ils estimaient équitable que la ville de Klopf prît à sa charge l'entretien des troupes stationnées sur son territoire. Des estimations très détaillées du prix de revient par soldat, sous-officier, officier, étaient jointes aux réponses. Les Klopviens firent des multiplications, des additions et secouèrent tristement la tête. L'opération coûtait plus cher qu'elle ne rapportait. Le projet fut abandonné.

Le Conseil ne savait plus que faire. C'est alors que l'échevin Glup, qui était le principal distillateur de schnaps de la région, eut une autre idée.

— Puisque seule la guerre peut ramener chez nous les soldats à bon compte, il faut ranimer la guerre.

— Et notre indépendance ? s'écria le bourgmestre.

— Elle n'a pas besoin d'être mise en cause. Laissons croire simplement à chacun des deux camps que l'autre l'attaque.

— Mais comment ?

— Nous avons ici assez d'uniformes des deux armées pour organiser le subterfuge.

Quelques jours plus tard, donc, un groupe de Klopviens revêtus de l'uniforme poldève profita de la nuit pour passer le Zist et bousculer les postes de garde borosthéniens. Il se retira au petit jour, non sans avoir pris grand soin de se faire voir afin qu'il n'y eût pas de doute sur l'identité des agresseurs. Au même instant un autre groupe revêtu d'uniformes borosthéniens passait le Zest et attaquait les sentinelles poldèves.

La riposte ne se fit pas attendre. Les artilleries poldève et borosthénienne ouvrirent immédiatement le feu sur les positions adverses, mais, comme à cette époque les canons tiraient court, tous les boulets tombèrent sur Klopf où il y eut plusieurs maisons détruites et un certain nombre de victimes. Dès ce moment les Klopviens commencèrent à se demander s'ils n'avaient pas commis une erreur de tactique. Ce fut bien pis quand, quelques heures plus tard, les infanteries passèrent qui le Zist, qui le Zest et se ruèrent à la rencontre de l'agresseur supposé.

Et alors ce fut la guerre, la vraie, celle qui mutile, qui tue, qui massacre, qui démolit, qui incendie, qui pille. Les soldats se battaient avec une furie d'autant plus aveugle qu'ils considéraient l'agression dont ils croyaient avoir été l'objet comme un manquement impardonnable aux règles les plus élémentaires de la loyauté militaire. C'était bien la peine d'avoir signé le traité de Weissnichtwo si c'était pour se retrouver nez à nez avec le plus perfide des adversaires. Ils voulaient en découdre? Eh bien on en découdrait.

On en décousit. Ce furent pour les Klopviens des jours sombres. Il n'était plus question de schnaps et de côtelettes de porc aux myrtilles, plus question de galons d'or et de fourragères de soie. Quand on ne se battait pas de maison en maison, au gré des fluctuations de la guerre, Klopf passait tantôt sous la loi martiale borosthénienne, tantôt sous la loi martiale poldève. On pendait et l'on fusillait pour un oui ou pour un non. Les plus astucieux arrivaient tout de même à faire quelques bonnes affaires avec les intendances militaires : une fourniture de viande par ci, un marché de godillots par là, mais le plus souvent les commandements réquisitionnaient et ne payaient pas.

En réalité c'était une toute petite guerre. Elle fit pourtant assez de tintamarre pour venir aux oreilles des Grandes Puissances qui froncèrent les sourcils. Ce n'était pas au moment où l'Équilibre Européen était enfin assuré à grand-peine qu'on allait permettre à deux petits pays de recommencer la guerre. La guerre, en l'état actuel de la situation diplomatique, était tout à fait prématurée. Chaque chose en son temps. Pour le moment, on en était à la paix.

D'un commun accord il fut décidé d'envoyer sur place le diplomate danois considéré comme le spécialiste reconnu de la question klopvienne. Il se rendit d'abord dans la capitale de la Borosthénie, puis dans celle de la Poldavie et enfin à Klopf où il eut le plus grand mal à se faire entendre des furieux qui s'étripaient à qui mieux mieux.

Il réussit pourtant à réunir une conférence de la paix qui se tint dans une des rares maisons épargnées, à égale distance du Zist et du Zest. Le duc de Schmerz représentait la Borosthénie et le général Bolduc représentait la Poldavie, ce qui simplifia les choses dans la mesure où ils ne comprirent pas un mot de toute la négociation.

Quand on eut assez parlé, le diplomate danois se leva et dit :

— Messieurs, il est évident que Klopf ne saurait se passer de la présence des armées borosthénienne et poldève, à condition qu'elles ne se battent pas, bien entendu. Il est évident d'autre part qu'on ne saurait lui retirer le statut de Ville libre qui lui a été conféré par le traité de Weissnichtwo. Je propose donc ceci. La Borosthénie et la Poldavie entretiendront chacune une garnison à Klopf. Les lundi, mercredi et vendredi, Klopf sera sous l'administration borosthénienne et la garnison poldève restera dans ses cantonnements. Les mardi, jeudi et samedi, ce sera le tour des Poldèves de commander et des Borosthéniens de rester à la caserne. Le dimanche enfin, Klopf sera pleinement et totalement indépendante et les soldats des deux armées auront quartier libre.

Ainsi naquit le compromis de Klopf qui, de nos

152

jours encore, est considéré par les diplomates comme un classique du genre.

Le plus fort est qu'après des siècles il dure encore. Trois fois par semaine les Klopviens sont borosthéniens, trois fois par semaine ils sont poldèves et tous les dimanches ils fêtent leur indépendance à grand renfort de schnaps et de côtelettes aux myrtilles. Moyennant quoi, ils vivent heureux comme au temps jadis et toujours entre le Zist et le Zest.

12

Tartempion

La vraie histoire de Tartempion, personne ne la connaît. On parle de lui à tort et à travers. On dit : « Tartempion a fait ceci, Tartempion a fait cela », sans se demander qui il est vraiment et sans chercher à savoir quel homme se cache derrière ce nom.

Moi, j'ai connu Tartempion. Ce qu'il avait de plus remarquable, c'est qu'il n'avait rien de remarquable. Il y a beaucoup de gens qui sont comme tout le monde, mais Tartempion était plus comme tout le monde que personne. Il ne se distinguait en rien, ni par ses vertus, ni par ses défauts. Il était de taille moyenne, avait un nez moyen, des yeux ordinaires et ne possédait aucun signe particulier. C'était à ce point que lorsqu'on l'avait vu, on oubliait aussitôt comment il était fait. Quand on s'adressait à lui, on le prenait toujours pour quelqu'un d'autre et quand on pensait à n'importe qui, c'est toujours son nom qui venait aux lèvres.

Cela ne datait pas d'hier. En classe déjà l'élève Tartempion n'était ni bon, ni mauvais, il était juste dans la moyenne. Il n'avait rien qui pût frapper l'esprit des maîtres. La seule chose qu'ils retenaient était son nom, aussi sonore et remarquable qu'il était lui-même effacé. Si bien que lorsqu'il y avait du bruit dans la classe, ils criaient à tout hasard : « Tartempion, vous me ferez deux cents lignes ! » ou bien « Tartempion ! vous aurez deux heures de colle ! » Quand il s'agissait de recevoir des félicitations, bien sûr, l'intéressé se faisait connaître et Tartempion ne récoltait jamais de lauriers. Ses camarades en profitaient et, quand on leur demandait qui avait fait telle ou telle bêtise, ils répondaient en chœur : « C'est Tartempion, m'sieur, c'est Tartempion ! » Ce n'était pas de la méchanceté, mais Tartempion ou un autre, quelle importance cela avait-il ?

Cela en avait beaucoup aux yeux de Tartempion, comme on pense. Quand il grandit et devint un homme, les choses ne s'améliorèrent pas. Tartempion, c'était toujours n'importe qui.

Pendant son service militaire il fut un soldat modèle. L'uniforme qui fait que tout le monde se ressemble, était un vêtement qui lui convenait à merveille. Quand il y avait une corvée ennuyeuse, le sergent n'avait pas besoin de réfléchir. Il disait : « Tartempion, vous ferez ceci ou cela. » Et c'était comme s'il avait appelé n'importe quel autre soldat.

Tartempion devait avoir une vingtaine d'années quand se passe mon histoire. Même l'âge de Tartempion est incertain. C'était un jeune homme comme il y en a des centaines de milliers dans le pays, ni trop grand, ni trop petit, ni trop mince, ni trop gros. Il allait et venait dans la grande ville et les gens le regardaient comme s'il était transparent. Son métier n'était ni facile, ni difficile et son salaire était juste dans la moyenne. Quand il jouait aux courses, c'était toujours le favori qu'il prenait. Quand il choisissait un produit au supermarché, c'était toujours celui qui se vendait le plus. Il aimait les chansons à succès, il portait le vêtement à la mode et il était amoureux de la même fille que des dizaines de jeunes gens de son entourage.

Elle s'appelait Sylvie. C'était la secrétaire de l'entreprise où travaillait Tartempion. Jolie, légère, gracieuse, toujours souriante, Sylvie, elle, ne ressemblait à personne. On ne pouvait s'empêcher de la remarquer tant elle avait de charme. Elle était toujours entourée d'une cour d'admirateurs à laquelle Tartempion se mêlait, anonyme et insignifiant comme à l'ordinaire. Comment aurait-il pu lui avouer son amour ? Quelle chance y avait-il qu'elle pût le distinguer parmi la foule de ses soupirants ?

Tartempion souffrait de tout cela. C'était lassant, à la fin, d'être n'importe qui. Il aurait voulu être boiteux ou bossu pour posséder au moins un trait qui le fît différent des autres. Peut-être Sylvie aurait-elle aimé un boiteux ou un bossu. Elle aurait fait attention à lui en tout cas. Il aurait eu sa chance.

A force d'y penser, Tartempion eut une idée. A cette époque tout le monde avait les cheveux courts et le visage rasé. Il décida de se laisser pousser la barbe et les cheveux. Il profita de ses vacances à la campagne pour le faire. Chaque jour il constatait avec satisfaction les progrès dans son miroir. Cela lui donnait un visage nouveau et peu commun. L'espoir naissait en lui.

Hélas! quand il rentra de vacances, la mode du poil long s'était soudain répandue. Les jeunes gens par centaines portaient des chevelures et des barbes hirsutes. De nouveau il se trouvait pareil à tout le monde.

Ne perdant pas courage, il résolut de se distinguer par ses vêtements. Il avait dans sa chambre un affreux vieux couvre-lit à fleurs rouges, jaunes et vertes, qui lui venait de sa grand-mère. Il s'y tailla à grands coups de ciseaux une chemise grossière qu'il enfila par-dessus son pantalon, et se rendit ainsi au travail. A peine était-il dans la rue qu'il vit un attroupement devant un magasin. On y vendait à vingt-neuf francs quatre-vingt-quinze pièce des chemises encore plus criardes et encore plus mal taillées que la sienne. Toute la jeunesse du quartier se les arrachait. Avant midi l'accoutrement de Tartempion n'avait plus rien de remarquable.

Exaspéré, il se mit à la recherche d'un exploit qui fît parler de lui. Il y avait au sud de la ville une roche abrupte que quelques audacieux escaladaient parfois. On les citait dans le journal et même il était arrivé qu'on publiât leur photographie. Tartempion n'avait pas une grande habitude de l'alpinisme, mais il ne manquait pas de détermination. Le dimanche suivant, il partit de grand matin et se mit en devoir d'escalader la roche. Ce fut une ascension difficile et dangereuse. Plus d'une fois il crut tomber. Cela lui prit toute la matinée. Enfin un peu après midi il avait franchi le dernier à-pic... pour se trouver devant des bandes de jeunes gens qui pique-niquaient sur la plate-forme. Il ne savait pas qu'on avait récemment construit une route qui montait au sommet de la roche par-derrière et que l'endroit était devenu depuis peu le rendez-vous favori de la jeunesse.

Sylvie était là, en compagnie d'une troupe de ses admirateurs. Quand Tartempion parut, on lui fit une place sans paraître remarquer le moins du monde son exploit. Il passa l'après-midi mêlé aux autres et redescendit vers la ville plus Tartempion que jamais.

Cette fois, c'en était trop. Il se révolta. Après une nuit sans sommeil il conçut un plan désespéré. Puisqu'on refusait de le distinguer pour son origina-

159

lité ou pour ses mérites, il faudrait bien qu'on le distingue pour ses crimes. Il se ferait malfaiteur. Ce n'était guère dans son tempérament, mais nécessité fait loi. D'ailleurs, il ne serait pas un malfaiteur comme les autres. Peu lui importait de se faire prendre, bien au contraire. Un méfait inconnu ne lui apporterait aucune réputation. Il fallait que les journaux parlent de lui. Il voyait déjà les titres annonçant son arrestation, son interrogatoire, son procès, son jugement. Dès qu'il aurait commis son forfait, il s'arrangerait pour que la police le découvre.

Le plus facile était d'être cambrioleur. Tartempion jeta son dévolu sur le musée municipal qu'il connaissait bien et où il pourrait aisément dérober un objet de valeur, par exemple le reliquaire en or qui trônait dans la grande salle du musée, à la place d'honneur.

Pendant plusieurs jours il examina les abords. Une fois dans la cour du musée, la chose serait facile, mais pour y parvenir il faudrait franchir un mur de plusieurs mètres qui longeait une rue assez fréquentée. L'opération devrait donc avoir lieu tard dans la nuit. Mais comment escalader le mur sans attirer l'attention d'éventuels passants ? Tartempion finit par découvrir ce qu'il cherchait : deux arbres qui se faisaient face, l'un dans la rue, l'autre dans la cour du musée, et dont les branches s'entremêlaient au-dessus du mur. Il suffirait de grimper au platane de la rue, de passer au tilleul de la cour et de se laisser glisser à terre. Au retour, l'opération inverse paraissait sans problème.

Une nuit donc, muni d'un sac à dos destiné à transporter le reliquaire, Tartempion se rendit dans la rue du musée. Elle était déserte. Prestement il grimpa dans le platane et se dissimula dans le feuillage, à califourchon sur une branche. C'était maintenant qu'allait commencer la partie la plus difficile de l'opération. Il lui faudrait suivre une branche latérale jusqu'à l'aplomb du mur, prendre pied sur le sommet de celui-ci et atteindre la branche du tilleul à environ un mètre de distance. Il se trouverait à ce moment à découvert et il devrait prendre garde que nul passant attardé ne vînt alors le déranger.

Prudemment il s'avança, gagnant centimètre par centimètre. Il était tout près du but quand il s'aperçut d'une difficulté inattendue. Son poids faisait ployer la branche et il arrivait à proximité du mur beaucoup plus bas qu'il n'avait prévu. Pour prendre pied sur la crête il lui faudrait s'agripper avec les mains et se hisser à la force des bras. Ce n'était pas très difficile, mais cela demanda du temps. A peine Tartempion avait-il assuré sa prise sur le sommet du mur, qu'il entendit soudain un bruit de pas dans la rue. Or dans la position où il se trouvait, il était bien visible.

C'était trop tôt pour se faire prendre. D'ailleurs il était affolé et ne songeait qu'à une chose : regagner l'abri du feuillage. Le cœur battant à se rompre, il lâcha le mur et voulut s'agripper de nouveau à la branche. Les pas étaient tout près maintenant. Tartempion fit un effort désespéré pour se maintenir en équilibre tout en reculant vers l'arbre. La branche remuait sous ses mouvements convulsifs. Soudain il la sentit qui lui échappait. Il tenta encore de la retenir, manqua sa prise et tomba sur le trottoir de toute la hauteur de l'arbre.

La douleur qu'il ressentit fut si vive qu'il s'évanouit. Quand il reprit connaissance, il entendit une voix qui lui disait :

— Monsieur Tartempion ! Monsieur Tartempion ! Éveillez-vous ! Mon Dieu ! Vous êtes-vous fait mal ?

Péniblement il entrouvrit les yeux, conscient de tout son corps endolori.

— Je... je ne sais pas... Que m'est-il arrivé ?

— Vous êtes tombé de l'arbre. Que faisiez-vous donc là-haut, monsieur Tartempion ?

Cette voix... Il ouvrit tout à fait les yeux et aperçut Sylvie. Son joli visage était penché vers lui et elle avait l'air très inquiète.

— Je... je me promenais.

— C'est une étrange promenade. Vous avez de la chance que je sois restée tard chez des amis à écouter des disques. A cette heure-ci de la nuit il n'y aurait pas eu grand monde pour vous porter secours. Où avez-vous mal ?

— C'est ma jambe droite... Je crois qu'elle est cassée.

— Faites voir. J'ai suivi des cours de secourisme. Vous permettez ?

Avec précaution elle releva le bas du pantalon et examina la jambe.

— Pliez un peu le genou... doucement... le pied maintenant...

— Aïe !

— Je crois que vous n'avez rien de cassé, mais vous avez une vilaine foulure de la cheville. Écoutez, vous allez essayer de vous lever en vous tenant sur une jambe et je vous aiderai à marcher jusque chez moi. J'habite tout près. Mon père ira chercher le médecin.

Une heure plus tard Tartempion était installé sur un divan chez Sylvie. Le médecin avait remis son articulation en place et lui avait fait des piqûres. Il dormit d'une traite jusqu'au matin. Quand il s'éveilla, Sylvie était déjà partie au travail. Son père le ramena chez lui en voiture.

Il passa la matinée à remuer des pensées amères. Sa tentative pour devenir une vedette du crime avait été un échec lamentable. Pourquoi avait-il fallu que Sylvie en fût le témoin ? Quoi de plus banal qu'une foulure ? Personne n'en parlerait et ce ne serait pas dans les journaux.

A midi Sylvie vint prendre de ses nouvelles et lui apporta des provisions. Elle revint le soir, puis le lendemain et ainsi deux fois par jour tout le temps que Tartempion fut alité. Le dimanche elle passa la journée avec lui, à écouter des disques. Quelques jours plus tard il pouvait de nouveau marcher et devait reprendre son travail le lendemain.

Ce soir-là Sylvie resta un peu plus longtemps.

— Il y a une chose que vous ne m'avez jamais dite. C'est ce que vous faisiez dans l'arbre cette nuit-là.

— J'aurais honte de vous le dire.

— Moi, je crois que je sais : vous vouliez cambrioler le musée. Mais je me demande bien pourquoi.

Tartempion prit son courage à deux mains.

— Pour qu'on s'occupe de moi, dit-il en détournant les yeux.

— Pourtant on parle souvent de vous.

— On prononce mon nom, mais personne ne fait attention à moi. C'est comme si je n'existais pas.

Elle lui prit doucement la main.

— Je suis ici pourtant.

— Parce que vous êtes bonne, mais quand la vie aura repris comme avant, vous n'y songerez plus.

— Qui vous le dit ?

Tartempion sentit une vague d'espoir monter en lui.

— Vous feriez attention à moi, Sylvie ?

— Pourquoi pas ? Vous faites bien attention à moi.

— C'est que moi, c'est différent, Sylvie. Je... je vous aime.

— Enfin vous me l'avez dit ! Il y a longtemps que j'attendais.

— Vous m'aviez donc remarqué ?

— Bien sûr. J'ai même remarqué le jour où vous avez escaladé la roche au risque de vous rompre les os. J'ai été contente que vous ayez réussi. Parce que, voyez-vous, Tartempion, moi aussi je vous aime.

— Sylvie, est-ce possible? Mais je n'ai rien de remarquable. Il y a tant de jeunes gens autour de vous...

— Pour moi, ils se ressemblent tous. Tandis que vous, Tartempion, vous n'êtes pas comme les autres et vous ne le serez jamais à mes yeux.

Cela suffisait à Tartempion. Désormais il fut heureux. Il savait ce qu'il avait de remarquable. C'était un secret entre lui et Sylvie et ils le partagèrent jusqu'à la fin de leurs jours. Les gens pouvaient bien dire ce qu'ils voulaient. On n'est jamais comme les autres quand on s'aime.

13

La poudre d'Escampette

Il fallait voir Ferdinand Escampette avec son nez busqué, ses joues creuses, son regard d'aigle, ses jambes de cigogne et son béret en accent circonflexe. C'était le roi de la grande lande entre Luxey et Labrit. Nul mieux que lui ne connaissait les secrets de la forêt, les longues saignées pare-feu qui s'ouvrent entre les pins, les clairières parsemées de chênes, les sournoises fondrières couvertes d'une herbe rêche, les sous-bois de fougères et les champs de bruyère mauve.

Nul mieux que lui surtout ne connaissait le gibier et Dieu sait que le gibier ne manque pas dans la grande lande. Il ne revenait jamais de ses promenades matinales sans ramener quelques perdreaux, quelques lièvres ou un couple de faisans.

Le fusil d'Escampette était célèbre non seulement

parmi tous les chasseurs de la région, mais aussi parmi tous les animaux. C'était une vieille pétoire de l'ancien temps, mais jamais elle ne manquait son coup. Le canard qui passait haut dans le ciel ou le lapereau qui détalait le long d'une sente, n'avaient pas la moindre chance de lui échapper. Ils étaient foudroyés avant même d'avoir pu se rendre compte de ce qui leur arrivait.

Ferdinand Escampette ne laissait à personne le soin de fabriquer ses cartouches. Plusieurs semaines avant l'ouverture de la chasse il se mettait au travail, dosant la poudre et le plomb, tassant la bourre et sertissant avec soin les douilles de carton. Tout le monde disait qu'il avait son secret. Et c'était vrai. Il tenait ce secret de son grand-père qui le tenait lui-même de son propre grand-père. Escampette ajoutait quelque chose à sa poudre et nul ne sut jamais quoi.

En général il chassait seul. Mais il advint qu'un jour il participa à une battue à la biche. C'est une chasse cruelle qui n'est permise que quelques jours par an. Cela consiste à rabattre les hardes de biches vers les chasseurs embusqués qui les mitraillent impitoyablement. On en fait de grands massacres. Les chasseurs se donnent comme prétexte que les biches mangent les pousses des jeunes pins et endommagent la forêt. Mais ce n'est qu'un prétexte. En réalité ils aiment tuer pour le plaisir de tuer.

Ferdinand Escampette n'aimait pas tuer. Il aimait la chasse, ce qui était tout différent, et s'il tuait le

168

gibier, c'était surtout par habitude, sans y songer, et puis aussi parce qu'il ne détestait pas un bon rôti cuit à la broche dans sa grande cheminée devant un feu de bois.

Or le jour de cette battue à la biche, Escampette se trouvait posté à quelque distance d'un autre chasseur bien moins habile que lui. Soudain une bête magnifique bondit hors du fourré juste entre les deux. L'autre chasseur tira avant qu'Escampette ait eu le temps d'épauler. La biche s'écroula. Escampette et son voisin s'avancèrent. La bête n'était pas morte. Le coup de feu lui avait seulement brisé une patte et elle gisait impuissante sur le sol. Ses yeux dorés étaient grands ouverts et on y voyait perler des sortes de larmes.

Escampette haussa les épaules avec mépris. Il fallait être bien maladroit pour manquer une cible pareille à une telle distance. Si c'était lui qui avait tiré, la biche serait raide morte. L'autre chasseur épaula son fusil pour achever l'animal.

Pour le coup Escampette fut furieux.

— Non, *Diou biban !* tu ne vas tout de même pas faire ça. Cette bestiole est sans défense. Regarde un peu comme elle est mignonne. Ce serait un assassinat !

Car il tuait les animaux — c'était la règle du jeu —, mais il les aimait. Jamais il n'en avait fait souffrir un seul et il ne pouvait supporter l'idée de martyriser cette biche dont le regard à moitié éteint semblait demander secours.

— Écoute, dit-il à son compagnon. Tu vas prendre la biche que j'ai tuée tout à l'heure et moi, je vais prendre celle-là.

Il la chargea sur son épaule et s'en retourna vers sa petite ferme, en plein cœur de la forêt, entre un airial de chênes verts et un champ de luzerne où paissaient quelques moutons.

Il installa la biche dans la bergerie attenante et entreprit de la soigner.

La blessure était grave et il fallut plusieurs semaines avant que la biche pût tenir faiblement sur ses jambes. Elle s'était accoutumée à Ferdinand et venait manger dans sa main. Le reste du temps elle errait librement dans la clairière, broutant le chiendent et le serpolet qui poussait sous les chênes.

De tout ce temps-là Escampette ne retourna pas à la chasse. La souffrance qu'il avait lue dans les yeux de la biche blessée avait comme terni sa joie. L'hiver passa et vint la date de la fermeture, quand les fusils doivent se taire pour que le gibier puisse connaître un peu de répit et se reproduire en paix. Quand vint le printemps, la biche commença à humer l'air de la forêt comme si elle percevait dans les senteurs un mystérieux appel. Chaque jour elle s'éloignait un peu dans le sous-bois, revenant tard le soir, couverte d'odeurs de pin et de fleurs sauvages. Un matin enfin, après avoir léché les mains d'Escampette qui lui donnait à manger, elle prit son élan et disparut en bondissant à travers les arbres pour ne plus reparaître.

Escampette en fut chagrin, mais il eut assez de travail pendant tout l'été pour n'y point trop songer. Au mois de septembre, comme à l'accoutumée, il se mit à préparer ses cartouches pour l'ouverture de la chasse.

L'ouverture eut lieu par une belle journée au ciel clair et doux, tout parsemé de petits nuages dorés. Escampette prit allégrement le chemin de la forêt et il ne fut pas long à lever un lièvre qui détalait entre les fourrés. Il l'envoya bouler au premier coup de feu et un sourire de satisfaction creusa ses joues maigres. Mais quand il s'approcha du petit cadavre étendu dans l'herbe, sa joie s'évanouit soudain. Il se souvint de la biche blessée. Le lièvre était bien mort, mais à l'angle de ses yeux éteints perlaient des larmes pareilles à celles de la biche.

Pensif, Escampette mit le lièvre dans sa gibecière et s'en fut à pas lents. Un peu plus loin il rencontra un chasseur dans la lande et lui fit cadeau du lièvre. Pour la première fois de sa vie il rentra chez lui les mains vides.

Le lendemain, au moment de partir pour la chasse, il décida soudain de laisser le fusil à la maison. A la place il emporta sa vieille canne de frêne, se disant que le plaisir serait aussi grand de débusquer le gibier que de le tuer. Chaque fois qu'il faisait lever un faisan dans un grand froufroutement d'ailes ou qu'il voyait fuir devant lui sur la sente le petit derrière blanc d'un lapin, il épaulait sa canne et criait « Pan ! ». Il était

171

sûr de son coup et c'était tout comme si l'animal avait reçu la charge de plein fouet.

Sur le moment le jeu l'amusa. Puis peu à peu il se sentit devenir triste et malheureux. Ce n'était pas du tout la même chose. Il manquait à cette chasse l'émotion du doigt qui presse la détente, le claquement sec de la détonation se répercutant dans le sous-bois, l'odeur de la poudre. Cela sentait la promenade, cela ne sentait pas la chasse.

Tête basse et pas traînant, il allait par les sentiers quand il rencontra le médecin du village qui, lui aussi, était un grand chasseur.

— Ça ne va pas, Ferdinand ? Tu as l'air bien abattu. Ce ne serait pas une mauvaise grippe qui couve ?

— Ce n'est pas ça, docteur. Voilà, j'ai perdu le goût de tuer les animaux. Ça me rend malade.

— Voilà qui est ennuyeux pour un chasseur comme toi. Mais si la chasse te déplaît, tu pourrais peut-être faire autre chose. Chercher des champignons par exemple. Ou bien aller à la pêche. Il paraît qu'on prend de très beaux gardons dans l'étang de la Tuque.

— C'est que je n'ai pas perdu le goût de la chasse, docteur. J'aime toujours autant tirer des coups de fusil sur les animaux. C'est les tuer que je ne supporte pas.

— Tu pourrais essayer de les rater.

— Impossible, docteur. C'est la force de l'habitude, voyez-vous. Avec moi un coup qui part, c'est un coup qui touche. Je n'y peux rien.

— Diable, ton cas est difficile. Écoute, je connais à Luxey un vieux pharmacien qui est un peu alchimiste et qui est aussi chasseur par-dessus le marché. Je suis certain qu'il pourrait te donner d'excellents conseils. Je vais te faire une ordonnance pour lui.

C'est ainsi que dès le lendemain matin Escampette prit l'autobus de Mont-de-Marsan et se rendit à Luxey où il trouva le vieux pharmacien penché sur ses bocaux.

— Hum, dit l'apothicaire après avoir lu l'ordonnance, ce n'est pas un cas ordinaire. A mon avis ce n'est pas toi qu'il faut soigner, c'est ton fusil. Peux-tu me faire voir une de tes cartouches ?

Escampette en avait toujours quelques-unes dans la poche de sa veste. Le pharmacien en prit une, l'ouvrit, déversa la charge de poudre sur la table de son officine, la huma, la goûta, la pesa, l'analysa.

— Ouais, dit-il, c'est une préparation tout à fait particulière.

— Elle me vient de mon grand-père qui la tenait de son grand-père.

— Je m'en doute. On ne sait plus faire des choses comme cela de notre temps. Tout le mal vient de là. Je ne m'étonne pas que tu fasses mouche à tous les coups avec une pareille poudre. La seule solution est d'en changer. Justement j'ai là une vieille formule qui fera tout à fait ton affaire. Prends ce flacon. Désormais tu en mêleras deux cuillerées à chaque livre de poudre que tu prépareras. Et tu verras. Je veux bien être pendu si tu arrives à toucher un seul animal avec une charge pareille. Il y aura le bruit, la fumée, l'odeur, le plomb partira, mais jamais, jamais, tu entends, il n'atteindra son but. C'est bien ce que tu voulais?

Escampette remercia, paya, reprit l'autobus du soir et rentra chez lui où il se mit à préparer sa poudre comme le pharmacien le lui avait prescrit.

Impatient d'essayer ses nouvelles cartouches, il se leva dès l'aube et partit d'un bon pas dans la forêt. A peine avait-il cheminé dix minutes qu'il aperçut un gros lièvre qui le narguait en plein milieu du sentier. Il épaula, tira... et le lièvre détala plus vite qu'un lièvre n'avait jamais couru. Un peu plus loin deux perdreaux jaillirent d'une touffe de genêts. C'était un doublé facile. Pan! Pan! Les deux perdreaux s'évanouirent, filant comme des flèches par-dessus la cime des arbres.

Dix fois, vingt fois Escampette tenta l'expérience et toujours avec le même résultat. On aurait même dit que les animaux sur lesquels il tirait trouvaient une vigueur nouvelle dans le bruit de la détonation.

Il rentra chez lui la gibecière vide, mais heureux d'une bonne matinée de chasse. Plus aucune tristesse ne l'habitait et il avait retrouvé sa joie perdue.

Escampette redevint le plus grand chasseur de la région, mais un chasseur qui ne faisait jamais de mal à personne. Les autres chasseurs ne furent pas très contents de l'affaire. Le gibier prit de mauvaises habitudes. Quand on lui tirait dessus, il trouvait pour s'enfuir des jambes et des ailes, alors qu'il aurait dû être paralysé par la peur. Mais on s'y fit et quand un faisan, un lièvre ou un perdreau échappait prestement à la mitraille, on disait en riant qu'il prenait *la poudre d'Escampette.*

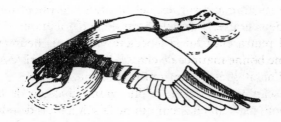

14

De tout à Gogo

Situé au cœur de la savane, le village de Gogo était certainement un des plus pauvres d'Afrique. On y manquait de tout. On y manquait de bétail, on y manquait de terres cultivables et surtout on y manquait d'eau. Il n'y avait que l'espace qui ne manquait pas. L'horizon s'étendait à perte de vue, rompu seulement par les termitières et quelques arbres géants qui étendaient désespérément leurs branches sèches et blanches comme des ossements vers le ciel lourd. Les Gogos vivaient tant bien que mal d'une rare cueillette d'herbes et de racines et c'est tout juste s'ils arrivaient à ne pas mourir de faim.

Il faut dire qu'ils n'étaient pas très malins et qu'ils ne savaient guère se débrouiller. Ils acceptaient leur destin misérable sans se défendre. Dans les autres villages, quand on disait d'un homme : « C'est un gogo », cela voulait dire qu'il était un peu simple d'esprit.

Le chef Moussa, qui régnait sur le village, était un brave homme, mais il manquait complètement d'imagination. Cette année-là la petite pluie fine qui vient chaque avril faire verdir les mangues, arriva en retard et fut particulièrement rare. Bientôt il n'y eut plus rien du tout à manger.

Moussa résolut d'envoyer demander du secours aux villages voisins. Le village de Mafouto, à deux heures de marche de Gogo, produisait en abondance de grosses ignames, ces succulents tubercules dont on fait des plats délicieux. Une délégation partit donc pour Mafouto, mais les gens de Mafouto répondirent :

— Des ignames, nous en avons à ne savoir qu'en faire et nous serions heureux de nous en débarrasser. Mais nous manquons cruellement de mil. En avez-vous à nous donner en échange ?

— Hélas ! nous n'avons rien.

— Alors pas de mil, pas d'ignames.

Au village de Kouliko il y avait des bœufs à revendre, mais les gens de Kouliko voulaient du poisson en échange et les Gogos n'avaient toujours rien à donner.

— Pas de poisson, pas de bœufs.

Ailleurs il y avait du mil, mais pas de sel, il y avait des bananes, mais pas de patates douces, il y avait du poisson, mais pas d'ignames.

Les envoyés retournèrent auprès du chef Moussa les mains vides. Que peut-on échanger quand on ne possède rien?

La vie à Gogo devint rapidement intenable, si bien que les bêtes de la savane elles-mêmes en vinrent à s'inquiéter.

Ce n'est pas drôle d'être un chacal ou une hyène aux abords d'un village si pauvre qu'on n'y trouve jamais la moindre charogne, ni le moindre détritus. Il y avait même un vieux lion qui vivait là et qui aurait bien dévoré un Gogo de temps en temps histoire de se mettre quelque chose sous la dent, mais ils étaient si maigres qu'il craignait de se briser la mâchoire sur leurs os saillants.

Les bêtes qui sont souvent moins bêtes que les hommes tinrent donc conseil pour aviser aux moyens de tirer Gogo de sa misère.

— Il y va de nos vies, mes frères, dit la hyène. Si les choses continuent ainsi, je vois venir le moment où j'en serai réduite à brouter l'herbe de la prairie... s'il en reste.

— Et moi, à manger les cailloux de la plaine, dit le chacal.

— Quant à moi, dit le lion, quelque regret que j'en aurai, je me verrai forcé de vous dévorer les uns et les autres si je veux me mettre quelque chose sous la dent, et j'avoue que je préférerais une gazelle bien grasse.

— Et pensez à moi! cria le vautour qui écoutait la

conversation du haut des airs. Ma vue est perçante, mais si loin qu'elle porte, je ne vois rien que de la terre sèche, des termitières et du bois mort.

Le conseil dura ainsi toute une nuit. A l'aube, d'un commun accord, il fut décidé qu'on irait demander conseil à un sage vieux singe qui vivait à quelque distance dans un immense fromager. Il était resté jadis quelque temps prisonnier des hommes et avait passé une partie de sa vie dans un zoo, ce qui lui avait permis d'apprendre beaucoup de choses.

Il écouta ses visiteurs et leur dit :

— Moi, je suis malin et je me débrouille toujours, mais je comprends votre problème. Voyons un peu. Vous me dites qu'il y a de grands espaces vides autour de Gogo ?

— La savane est plate et nue à perte de vue, dit le chacal. Une souris n'arriverait pas à s'y cacher.

— Excellent, excellent ! Eh bien, voilà une ressource inespérée, mes amis. De nos jours l'espace vaut de l'argent. C'est un placement commercial de tout premier ordre. Ce qu'il faut à Gogo, c'est un supermarché.

— Un supermarché ? Qu'est-ce que c'est ?

— C'est un marché plus grand que tous les autres marchés.

— Mais il n'y a rien à Gogo. Qu'y vendra-t-on ?

— On y vendra de l'espace pour y vendre ce que chacun apportera. Le tout est d'organiser une promotion immobilière efficace et une bonne campagne de publicité. Laissez-moi aller parler au chef Moussa et je lui expliquerai ce qu'il faut faire.

Les explications furent longues car Moussa avait la tête dure et il ne voulait pas avoir l'air de se laisser donner des leçons par un singe. Finalement il se laissa convaincre.

Dès le lendemain, tous les hommes valides se mirent au travail et l'on construisit près du village, à l'embranchement de deux pistes, un immense hangar couvert de palmes sèches.

Des émissaires repartirent pour les villages voisins. Mais cette fois ils tenaient un langage tout différent.

— Profitez de l'occasion, disaient-ils. Il y a encore quelques emplacements libres au supermarché de Gogo. C'est une chance pour vous. Ne la laissez pas échapper. A Gogo vous pourrez écouler tous vos produits et vous procurer ceux qui vous manquent.

Aux gens de Mafouto ils dirent :

— Portez vos ignames à Gogo et vous y trouverez du mil.

Aux gens de Kouliko ils dirent :

— Conduisez vos bœufs à Gogo et l'on vous y donnera du poisson.

Ailleurs ils promettaient des bananes pour des patates douces, du sel pour des ignames et tout ce qu'on voudrait pour n'importe quoi.

En même temps les bêtes de la savane entreprenaient une vaste campagne publicitaire. Toutes les nuits elles erraient autour des villages. La hyène ricanait, le chacal glapissait, le lion rugissait : « Il y a de tout à Gogo ! Il y a de tout à Gogo ! » Et le jour, très haut dans le ciel, le vautour criait d'une voix perçante : « Il y a de tout à Gogo ! Il y a de tout à Gogo ! »

Les villageois des environs ne furent pas longs à venir, d'abord par curiosité pure. Ils amenèrent quelques-uns de leurs produits pour voir et s'aperçurent alors qu'ils pouvaient les échanger. Le bruit s'en répandit et tout le monde afflua au supermarché de Gogo, sachant qu'il y trouverait toujours preneur pour ce qu'il vendait et vendeur pour ce dont il avait besoin.

Le chef Moussa, entouré de ses notables, se tenait à la sortie du marché et encaissait le droit de location pour l'espace occupé : un igname pour dix ignames vendus, un bœuf pour dix bœufs vendus et ainsi de suite.

Très vite ceux qui étaient venus pour se procurer du poisson découvrirent qu'ils avaient aussi besoin de mil et de bananes, ceux qui étaient venus chercher des bœufs découvrirent qu'ils avaient aussi besoin de sel et d'ignames. On repartait toujours plus chargé qu'on n'était arrivé. Tous les hommes de Gogo ne suffisaient plus au transport des marchandises. Il fallut construire des entrepôts. Gogo devint une vraie ville.

On n'y manquait plus de rien. Les Gogos engraissèrent et, par voie de conséquence, les animaux de la savane aussi. Désormais on ne se moqua plus jamais d'eux. Mais au contraire on disait avec respect : « Il y a de tout à Gogo. » Et vraiment il y en avait à gogo.

15

La fleur de prétentaine

Ce matin, dans mon jardin, j'ai trouvé trois fleurs de prétentaine. Je ne sais pas d'où en est venue la graine. Peut-être a-t-elle été apportée par le vent fou qui souffle du sud depuis quelques jours. Peut-être était-elle mêlée au gazon dont j'ai acheté la semence le mois dernier à ce grainetier du marché qui avait l'air d'un poète.

Toujours est-il qu'elles avaient poussé là, sans rien demander à personne, entre le jeune figuier et le vieux chêne. Leurs pétales en forme de cœur avaient cette couleur d'horizon qu'on n'oublie plus lorsqu'on l'a vue.

On ne la voit pas souvent. La prétentaine est une fleur rare et capricieuse. Elle pousse où bon lui semble et de préférence là où on ne l'attend pas. Pour ma part, il y avait des années que je n'avais vu de prétentaines. La dernière fois, c'était dans le jardin de mon ami Gaston, l'horticulteur.

C'est chez Gaston que j'achetais toutes mes plantes. J'aimais son regard naïf, son sourire tranquille et sa démarche un peu balourde d'homme à qui la terre tient aux pieds. Bien souvent il venait chez moi en voisin pour tailler un rosier, conduire les branches d'un forsythia ou replanter des géraniums. Je lui en avais une grande reconnaissance, car mes plantes l'aimaient bien et prospéraient sous ses doigts comme si elles avaient voulu lui faire plaisir.

Un jour je découvris chez un bouquiniste de Bordeaux une vieille flore avec des planches en couleurs remarquablement conservées. Je jugeai que le cadeau était approprié pour marquer ma gratitude à Gaston et, dès le lendemain, je lui apportai le livre. Il en parut enchanté et je rentrai chez moi content d'avoir fait un heureux.

Je ne savais pas vers quelles aventures mon cadeau allait entraîner le pauvre Gaston. Je ne le vis pas de plus d'une semaine. Il vint me voir un soir, alors que je disposais mes tuyaux d'arrosage. La flore était sous son bras.

— Il faut que je vous demande quelque chose, me dit-il. Dans ce livre je crois que je connais toutes les plantes. Il n'y en a qu'une que je n'ai jamais vue. Je n'en ai même jamais entendu parler. Peut-être la connaissez-vous.

— Vous savez, je ne suis pas très fort en botanique.

Il ouvrit le livre à une page marquée. L'illustration représentait une fleur à cinq pétales en forme
de cœur et c'est alors que je fus frappé pour la première fois par sa couleur indéfinissable. L'artiste,
on le sentait, avait mis tout son soin à essayer d'en
rendre la transparence lointaine. C'était un bleu à
la fois clair et profond où se devinaient des reflets
d'or, un bleu limpide et vivant comme un regard
qui parlait de routes infinies et d'horizons sans
limites. Cela avait la richesse de la pensée, le mys-
tère de la violette, la légèreté du myosotis.

La légende disait : « *Portenta erratica* ou Prétentaine, vulgairement appelée Folle des chemins. » Il
n'y avait aucune autre indication.

— Je suis navré, Gaston, dis-je. C'est une fleur
bien remarquable, mais je ne la connais pas.

— Il faut que je la trouve.

Et il se mit à chercher. De maison en maison, de
jardin en jardin, il s'enquit de la prétentaine. Notre
village n'est pas grand et il en eut vite fait le tour.
Personne ne put le renseigner. Seul un vieux retraité
des chemins de fer, qui faisait pousser des polyan-
thas devant sa fenêtre, lui dit en hochant la tête :

— La prétentaine? J'en ai entendu parler quand
j'étais jeune. Méfie-toi, Gaston, c'est une fleur qui fait
courir !

Obstiné, Gaston écrivit à ses fournisseurs habituels

à Bordeaux, à Orléans, à Paris et jusqu'en Hollande. Tous les matins il guettait le passage du facteur. Mais chaque fois les réponses étaient négatives. Il n'y avait pas de prétentaines à vendre.

Il se mit à fréquenter les marchés de la région, partant à l'aube sur sa pétrolette et ne rentrant que l'après-midi, l'air malheureux et fourbu. Cela était d'autant plus remarqué dans le village que Gaston, qui était alors âgé d'une quarantaine d'années, n'avait jamais, de mémoire d'homme, quitté son jardin. Maintenant les herbes folles commençaient à envahir les plates-bandes et les feuilles des jeunes pousses avaient cet air assoiffé qui montre qu'on les néglige.

— Pauvre Gaston, disaient les voisins, le voilà qui court la prétentaine !

On ne fréquente pas les marchés sans boire quelques chopines. Gaston rentrait souvent avec le regard allumé et la démarche plus traînante encore que d'habitude. C'est au retour d'une de ces équipées qu'il vint me voir.

— Il faut que j'aille à Bordeaux, me dit-il.

La décision était d'importance. Bordeaux n'est pas très loin de notre village — une centaine de kilomètres tout au plus. Mais pour Gaston c'était un déplacement exceptionnel. Tous les deux ou trois ans, à la mi-mai, il lui arrivait de se rendre à la foire aux fleurs et aux jambons qui se tient à Bordeaux pour la Saint-Fort. Il en revenait bien vite, un peu effrayé d'avoir fait tout ce chemin. C'était un spectacle que de le voir débarquer de l'autobus du soir, les bras tout chargés des boutures et des pots dont il avait fait l'emplette.

Or la Saint-Fort était passée depuis longtemps. Les premiers jours de l'été avaient amené un temps orageux et lourd qui ne prédisposait pas aux voyages.

— A Bordeaux en cette saison ? Et qu'allez-vous y faire ?

— Je veux consulter.

— Vous êtes malade ?

— C'est la maladie de cette fleur que j'ai. J'en perds le manger et le dormir. Mais ce n'est pas un médecin que je veux consulter, c'est un botaniste. J'ai pensé que peut-être vous en connaîtriez un assez savant pour me dire où trouver la prétentaine.

Je lui donnai l'adresse d'un professeur de botanique de l'Université, non sans m'être assuré par téléphone qu'il était à Bordeaux et qu'il pourrait le recevoir. J'en profitai pour indiquer au professeur l'objet de sa visite.

— La prétentaine ? dit-il, tiens, tiens... Qu'il vienne. Rien ne pourrait l'empêcher de venir.

Le départ de Gaston fut un événement dans le village. C'était, je crois bien, depuis son service militaire, la première fois qu'il mettait une cravate. Il l'emprunta au boulanger. Son absence ne devait durer qu'un jour mais les préparatifs se paraient du charme étrange des grands départs. Je l'accompagnai à l'autocar et lui souhaitai bonne chance.

La route est longue de la gare routière de Bordeaux au laboratoire de botanique dans la lointaine banlieue de Talence. Gaston la fit à pied, s'arrêtant au passage devant les magasins de fleuristes, dont il fouillait la vitrine d'un œil anxieux avec l'espoir d'y découvrir une prétentaine. Il s'arrêtait aussi de temps en temps dans un café pour y prendre une chopine sur le pouce. Il faisait lourd et étouffant. La cravate du boulanger lui serrait la gorge et lui donnait encore plus soif.

Il arriva au rendez-vous avec une bonne heure de retard. Par bonheur le professeur était encore là.

— C'est vous l'homme à la prétentaine ? Qu'est-ce qui vous a mis en tête de chercher cette fleur ?

Gaston raconta l'histoire de la flore.

— Depuis que je l'ai vue, je ne tiens plus en place.

— Bien sûr, bien sûr... C'est curieux que vous vous soyez adressé à moi, parce que, voyez-vous, autrefois, quand j'étais jeune, j'ai écrit ma thèse sur les prétentainacées. Ah ! c'est une bien belle famille !

— Il y a donc d'autres variétés ?

— Des dizaines... Venez avec moi.

Le professeur conduisit Gaston vers une petite serre pleine de mille fleurs chatoyantes.

— Voici la *Portenta magnifolia*, avec ses grands pétales mauves, la *Portenta innocens* qui est toute blanche, la *Portenta lasciva* qui est couleur de peau de pêche, la *Portenta inconstans* dont les pétales en forme de cœur sont doubles ou même triples et changent de nuance d'heure en heure...

Gaston allait d'une fleur à l'autre, au comble de l'émerveillement. Mais parmi toutes ces corolles multicolores ses yeux cherchaient quelque chose qu'ils ne trouvaient pas.

— La prétentaine, dit-il, la vraie... Où est-elle ? Je ne la vois pas.

— La *Portenta erratica* ? Elle n'y est pas, mon ami, et elle n'y sera probablement jamais, à moins d'un miracle qu'on n'espère plus à mon âge. Personne n'a jamais réussi à cultiver la prétentaine.

— Mais vous en avez vu ?

— Oui, quand j'étais jeune. Il m'a fallu courir beaucoup.

Le professeur reconduisit Gaston dans son bureau.

— Je vais vous montrer quelque chose que je ne montre à personne.

Ouvrant un placard, il en tira un lourd volume.

— C'était mon herbier d'étudiant. Je vais vous laisser le feuilleter. Vous y trouverez une prétentaine. Pour ma part, j'aime autant ne pas la revoir. A tout à l'heure, mon ami.

En feuilletant l'herbier, Gaston retrouva d'abord la plupart des fleurs qu'il avait vues dans la serre, puis soudain, alors qu'il ne s'y attendait pas, il tomba sur la prétentaine. Les couleurs de la fleur séchée étaient moins vives que celles de l'illustration dans la flore, mais on sentait la texture soyeuse des pétales et leurs reflets changeants avaient une profondeur où s'abîmait le regard.

Plongé dans une profonde rêverie, Gaston contemplait la fleur et ne sentait pas les heures passer. Beaucoup plus tard le professeur rentra dans son bureau.

— Vous êtes encore là, mon ami ? Excusez-moi, je vous avais complètement oublié. Il se fait tard, le laboratoire va fermer. Vous avez trouvé la prétentaine ?

Gaston parut s'éveiller.

— Oui, je l'ai trouvée, mais je la voudrais vivante.

— Alors cherchez-la. Je vous souhaite bien du plaisir.

Dans la chaleur accablante d'une fin d'après-midi orageuse Gaston prit le chemin du retour. Cette fois les pauses dans les petits cafés, les bars et les bistrots furent plus nombreuses encore. Il avait mis la cravate du boulanger dans sa poche et portait son veston sous son bras.

Quand il arriva, titubant quelque peu, à la gare routière, l'autocar ne l'avait pas attendu. Ne sachant trop que faire, il resta un long moment sur le bord du trottoir, la tête lourde de pensées confuses de prétentaine. D'instinct ses pas le conduisirent vers les Allées Damour où se tenait d'habitude la foire aux fleurs. Mais il n'y avait pas de fleurs. Des promeneurs épars cherchaient un souffle d'air parmi les arbres et les voitures en stationnement.

Il prit encore deux ou trois coups de rouge à un comptoir et descendit la rue Judaïque jusqu'à la place Gambetta dont les massifs l'attirèrent. Apercevant un reflet bleu dans une bordure, il se pencha pour mieux voir, mais ce n'était qu'un ageratum vulgaire. Il tomba à quatre pattes dans le gazon. Un agent qui le surveillait du coin de l'œil se dirigea vers lui. Il se releva en grommelant et, traînant la savate à travers la circulation, traversa la rue pour enfiler le cours de l'Intendance.

Il resta longtemps le nez collé à la vitrine d'un grand fleuriste, puis, d'étape en étape, gagna les quais de la Garonne, dont il entreprit de visiter un par un tous les petits bistrots.

L'orage qui menaçait depuis la fin de l'après-midi ne se décidait pas à éclater. La lumière était étrange et pâle et il y avait de l'électricité dans l'air. Le nez dans la jardinière d'une terrasse, Gaston cherchait d'un œil trouble à distinguer les fleurs.

Un petit rire lui fit lever la tête. Il ajusta péniblement son regard et aperçut un garçon et une fille, assis à une table, qui le regardaient avec amusement. Il fit un effort pour mieux voir. C'est alors qu'il eut un choc qui lui fit monter le sang à la tête et bourdonner les oreilles. La fille avait des yeux couleur de prétentaine, de grands yeux bleus pâles et profonds où l'on devinait des reflets d'or.

Ébloui, Gaston resta d'abord sans voix, puis il voulut dire :

— Vous avez... vous avez les yeux... couleur de... de prében... trépen... trépentaine...

C'était trop difficile à dire. Il renonça. Les yeux dansaient devant lui comme deux fleurs agitées par la brise. Il tendit la main pour les cueillir et, trébuchant, renversa la table à grand fracas. La fille poussa un cri. Le garçon qui l'accompagnait voulut prendre Gaston au collet, mais Gaston, malgré son ivresse, avait toute la vigueur que donne une vie saine. Il répondit par un direct du droit qui culbuta le garçon. Aussitôt les consommateurs des autres tables se levèrent pour le maîtriser. Il ne se laissa pas faire et ce fut une belle bagarre.

Il dormait déjà quand on le transporta dans la cellule du commissariat. Le lendemain matin un inspecteur bonasse l'interrogea.

— Vous avez de la chance que cette jeune fille n'ait pas porté plainte. Et par-dessus le marché vous n'avez pas vos papiers.

Il les avait perdus avec son veston dans la bagarre.

— Vous dites que vous êtes jardinier?

— Horticulteur.

— On va vérifier votre identité. Mais puisque vous êtes de la partie, je veux vous demander un conseil. J'ai quelques rosiers chez moi. Faut-il les tailler au troisième ou au quatrième œil?

Le maire du village fut alerté par téléphone vers onze heures du matin. Aussitôt la nouvelle, agrémen-

194

tée de nombreux détails plus pittoresques qu'exacts, fit le tour des maisons.

— Hé bé, ce Gaston, tout de même, disait-on, quand il court la prétentaine, il ne fait pas les choses à moitié !

Une délégation composée du maire, du boulanger et de l'instituteur partit aussitôt pour Bordeaux à bord de la voiture de ce dernier. Quand ils rentrèrent avec Gaston dans l'après-midi, tout le village les attendait. Une escorte curieuse et vaguement admirative accompagna Gaston jusqu'à la grille de son jardin. Et là, ce fut la surprise.

Gaston écarquilla ses yeux lourds des excès de la veille et secoua sa tête endolorie comme pour chasser un rêve. Mais c'était bien vrai. L'incroyable s'était produit : à perte de vue le jardin était couvert de prétentaines. Venues on ne sait d'où, elles avaient poussé là pendant la nuit par touffes, par bouquets, par massifs, envahissant les plates-bandes et même les allées. C'était comme un nuage d'un bleu magique qui s'étendait sur tout l'enclos, le faisant paraître beaucoup plus grand qu'il n'était en réalité. Une douce lumière en irradiait et le cœur de Gaston se gonfla de joie. Pour la première fois il sentait, subtil, épicé, capiteux, le parfum de la prétentaine.

Lentement il ouvrit la grille, pénétra dans le jardin et, des fleurs jusqu'à mi-mollets, se dirigea vers la maison. Les curieux se retirèrent.

La floraison dura trois jours et les prétentaines disparurent comme elles étaient venues, ne laissant qu'une végétation folle et désordonnée qui ressemblait à de la mauvaise herbe. Le soleil d'août en grilla la plus grande partie et l'hiver suivant, malgré tous les efforts de Gaston, les gelées de février eurent raison du reste.

Il attendit encore un an, mais les fleurs ne revinrent pas. Alors Gaston vendit sa maison et son jardin. Il me fit cadeau de ses plus belles plantes et un matin, pour de bon cette fois, il prit l'autocar. Je ne l'ai jamais revu et, pour autant que je sache, il court toujours la prétentaine.

Table des matières

Maurice Druon
Tistou les pouces verts

Tistou s'endort toujours en classe. Alors son père, qui est beau, riche et marchand de canons, décide de l'envoyer à l'école de la vie.
Première leçon avec le jardinier Moustache qui découvre une chose merveilleuse : Tistou a les pouces verts. Les fleurs poussent sous ses doigts!
Avec des roses à l'hôpital, du chèvrefeuille sur la prison, la ville est transformée. Mais que va-t-il arriver si les canons de Monsieur Père disparaissent sous le lierre et les églantines?

Isaac Bashevis Singer
Zlateh la chèvre

Hélas! mon fils, il te faut conduire la chèvre chez le boucher : elle est déjà vieille et nous sommes pauvres. Mais voilà que, sous la tempête de neige, la chèvre sauve l'enfant... Dans ces contes, le sourire a toujours le dernier mot à moins que ce ne soit l'amour. Les naïfs pêchent la lune dans les puits, les gourmands sont incorrigibles. Quant au Diable, il guette derrière la porte! Heureusement, il n'est pas toujours le plus malin...

Erich Kästner
Le 35 mai

Si votre oncle est formidable, si vous rencontrez un cheval
en chômage qui vous demande poliment du sucre... entrez
sans hésiter dans la vieille armoire : c'est la porte du bout du
monde!
Là-bas, les arbres distribuent des tartes, les poules pondent
des œufs au jambon. Au Pays du Monde Renversé, on élève
sévèrement les parents insupportables. A Electropolis, on
circule sur des trottoirs roulants. Et puis, à cheval à travers
l'océan, vous irez vers les îles des mers du Sud...
Seulement, tout cela n'est possible que si le 35 mai tombe un
jeudi.

Anna Greta Winberg
Ce jeudi d'octobre

Une catastrophe! Voilà ce qui arrive à Madde, qui n'a pas
encore quatorze ans.
Papa s'en va. Il a décidé, d'accord avec Maman, qu'il valait
mieux se séparer : c'est, paraît-il, « la meilleure solution ».
Mais pour qui?
Madde étouffe de chagrin et d'indignation. Il lui faudra du
temps pour commencer à comprendre.

Anthony Buckeridge
Bennett et sa cabane

De tout le collège, c'est Bennett qui a le plus d'idées mais, chose curieuse, elles plaisent rarement à ses professeurs. Avec l'ami Mortimer, il a construit une cabane près de l'étang et tout irait bien si le poisson rouge ne s'échappait pendant qu'on lui fait faire un tour dans un filet à papillon, si Bennett ne tombait pas dans la vase avec son complet du dimanche, si sa balle de cricket n'atterrissait pas dans le jardin du directeur et si le général ne débarquait pas sans prévenir...

Hans Peter Richter
Mon ami Frédéric

En Allemagne, avant la guerre, deux enfants sont inséparables. L'un s'appelle Frédéric. Il est juif.
Mais Hitler a décidé que les Juifs n'ont pas le droit de vivre : on les insulte, on les chasse... Grand-Père ne veut plus voir le petit Frédéric à la maison. Bientôt, on le renverra de l'école. Plus tard, sous les bombes, il n'y aura pas d'abri pour Frédéric. Qui pourrait encore le sauver ?

Robert Newton Peck
Vie et mort d'un cochon

A douze ans, Robert fait presque le travail d'un homme.
Quand il trouve la vache du voisin en train de s'étouffer et
le veau qui n'arrive pas à naître, il sait la tirer d'affaire,
même si c'est dur. En récompense, il recevra un petit
cochon, un animal doux et rose, rien que pour lui. Mais dans
une ferme si pauvre, comment garder une bête seulement
pour le plaisir?

James Oliver Curwood
Kazan

Kazan, c'est un quart de loup et trois quarts de chien de
traîneau. Il ne connaît pas la peur. Les fauves les plus
terribles sont tombés sous ses crocs et, dans le Grand Nord,
il est le chef d'une horde libre, avec Louve Grise, sa
compagne.
Seulement, voilà, il y a les hommes.
Les maîtres cruels, un jour ou l'autre on leur saute à la
gorge. Mais Kazan n'oublie pas les voix amies, les mains qui
guérissent, les femmes dont l'amour est plus fort que tout!

Composition réalisée par C.M.L. - PARIS-13e

IMPRIMÉ EN FRANCE PAR BRODARD ET TAUPIN
Usine de La Flèche (Sarthe).
HACHETTE - 79, bd St Germain - Paris.
ISBN : 2 - 010 - 14428 - 7